united p.c.

Gedruckt in der Europäischen Union auf umweltfreundlichem, chlor- und säurefrei gebleichtem Papier.

www.united-pc.eu

Hans Geißlhofer

DER KÄLTESEE

Die Vermessung der Mischlinge im Banne der Alpenfestung, Brioni und Mussolini & mehr

INHALT

DER KÄLTESEE

Für Boris Gorodetzky, den Bruder meiner Großmutter, deportiert und ermordet in Riga, 1942

...und für Rudolf Obendorfer, Leiter der Widerstandsgruppe Erlauftal, am 8.5.45 zu Kriegsende in Lunz am See ermordet.

Mein Gedächtnis gleicht einem tiefen See. Wie der Lunzer See, wo ich geboren wurde. Meistens behindern die Wellen die Sicht bis auf den Grund. Wenn der See ruhig ist und man ganz konzentriert und meditativ versunken hineinschaut, erscheinen einem ganz langsam schon vergessen geglaubte Erinnerungen.

Manchmal ist der See auch zugefroren, wie an jenem Dezembertag, als bei meiner Mutter nachts im Schloss die Wehen einsetzten. Der Landarzt steckte im Schnee fest und ich im Gebärkanal. Meine Tante und eine Hebamme halfen die ganze Nacht mit allen Kräften.

Derselbe Arzt war 12 Jahre vorher an der Verhaftung eines Onkels im Schloss beteiligt gewesen, als dieser die Hakenkreuzfahne heruntergerissen und bei der Abstimmung über den „Anschluss“ mit „Nein“ gestimmt hatte. So blieb mir seine Gesellschaft in meinen ersten Stunden des Lebens wegen der Schneeverwehungen immerhin erspart.

So wie der See zufriert, so können auch Erinnerungen wegtauchen. Aber irgendwann taut er wieder auf, und das Wasser tritt hervor.

So auch meine nicht ganz vergessenen Kindheitsereignisse. Gewisse Gegenstände oder diffuse Gefühle und Gedanken können abgebrochene Zusammenhänge wiederherstellen, aber nicht auf

Knopfdruck, sondern durch langes Sinnieren und Überlegen.

Was versteht ein Kind von dem, was die Erwachsenen so daherreden? Kann es politische Ereignisse, die es selber nicht erlebt hat, irgendwie einordnen?

Als ich geboren wurde, war der 2. Weltkrieg schon 5 Jahre zu Ende. Die Auswirkungen waren noch überall zu spüren. Halb Wien bestand immer noch zur Hälfte aus zerbombten Ruinen. Die Industrien hatten sich noch nicht ganz von den Zerstörungen erholt.

Der Wiederaufbau war bei uns im Raum St. Pölten erst langsam in Schwung gekommen. Die Mechanisierung der Landwirtschaft hatte auch noch nicht eingesetzt.

Im Bauernhof meines Vaters, südöstlich von dieser Stadt arbeiteten deshalb viele Taglöhner. Mein Vater hatte den Hof gerade erst übernommen und führte ein strenges Regiment.

Mein Vater mit seinem besten Zuchtstier

(Nachlass meiner Mutter)

Meine Mutter kam aus einer Familie von Großindustriellen, die über die Weltkriege und die Wirtschaftskrise einen guten Teil ihres Vermögens verloren hatte. Sie arbeitete besonders fleißig überall mit, obwohl sie in einer Wiener Nobelvilla aufgewachsen war. Im vormals familieneigenen Gut Kyrnberg hatte sie knapp vor dem „Anschluss" nach der Matura ein landwirtschaftliches Praktikum absolviert.

Jetzt führte sie noch den Haushalt am Hof und half im Stall und auf den Feldern meines Vaters mit.

In der Küche gab es ein hölzernes Röhren-Radio. Wenn die Nachrichten kamen, gab es immer Anlass über Politik zu diskutieren. Das erzeugte meistens eine unverhohlene Wut meines Vaters auf „die Politiker“, die er allesamt als „Lumpen und Falotten“ bezeichnete.

Dann kam aber auch manchmal die Rede auf den überstandenen Krieg, die Not, den Hunger, die Bombenangriffe usw. Wenn ein Flugzeug über unseren Hof flog, waren wir Kinder stets begeistert, liefen über den Hof und schrien „Fluuuugzeug“, während meine Eltern immer noch die Angst vor den drohenden Bomben spürten.

Aber da war noch was Geheimnisvolles, Unverständliches, ein Problem das mit unserer Abstammung und einer ganz persönlichen lebensgefährlichen Bedrohung zu tun hatte. Sie war zwar überstanden, aber saß meiner Mutter noch in allen Knochen, und es wurde oft darüber heftig diskutiert, über Dinge, die ich als wichtig empfand und verstehen wollte, aber eben noch nicht verstand.

Warum ereiferte man sich ununterbrochen über den Krieg, diese blöden Nazis und diesen vertrottelten Herrn Hitler, der alle in irgendwas Schreckliches hineingehetzt hatte? Viele Leute seien damals umgekommen, man hätte nur mit Mühe überlebt?

Ich fragte mich nur, wie das ist, wenn man tot ist? Spürt man dann wirklich nichts mehr? Und warum führen die Menschen Krieg? Haben sie sonst nichts Wichtigeres zu tun?

Man beteuerte aber immer wieder die eigene Unschuld.

Was hatte dieser Hitler mit meinen Verwandten angestellt? War er auch so einer von diesen Politikern gewesen, die mein Vater so verabscheute? Aber er war ja nicht einmal ein König, und schon gar kein Kaiser gewesen. Und warum war ich nur ein Bauernbub und mein Vater kein Kaiser? Aber meine Mutter hatte ein Schloss, obwohl sie jeden Tag die Kühe melken musste. War sie vielleicht eine verzauberte Prinzessin? Und der Hitler der böse Magier? Und der quakende Frosch an unserem Brunnen war vielleicht ein verwunschener Prinz?

Seit 12 Jahren verbringe ich viel Zeit in Archiven und forsche im Internet. Jetzt, 60 Jahre später, kommt mir alles wieder in den Sinn, und Kindheitserinnerungen frischen wieder auf und verbinden sich mit dem Studium der lokalen Zeitgeschichte zu einem ganz persönlichen Familiendrama, das mich einfach nicht mehr loslässt.

Was war vor meiner Zeit? Wie und wo wurde ich gestrickt?

Manchmal frage ich mich, wie viele Samen- und Eizellen in wie vielen mehr oder weniger liebevollen Vereinigungen notwendig waren, damit ich in einer ganz bestimmten Zeit nach dem Urknall aus einem nach und nach immer mehr belebten Sternenstaub als eigenes Wesen in dieser Welt erscheinen konnte? Wie viele Männer und Frauen aus wie vielen Kulturen und Gesellschaftsschichten an meiner spezifischen DNA mitgestrickt haben?

Die Mutter als einfache Bäuerin

(Nachlass meiner Mutter)

Wenn man nur mal vom Steinzeitmenschen vor etwa 20 000 Jahren ausgeht, wären das 800 Generationen, weil dividiert durch 25 Jahre als Mittel einer Generation, d.h. 800 Vereinigungen in Hochzeits- oder anderen Nächten, in unterschiedlichsten Variationen von unterschiedlicher Dauer, Intensität, mehr oder weniger grob oder zärtlich, ruck-zuck oder verschämt-verspielt.

Wenn man in einem Film nur 3 Minuten für jede dieser, für meine Entstehung entscheidenden Begegnungen in allen diesen Generationen, vom Verlieben zu Heirat, Zeugung, Schwangerschaft und Geburt auch nur ganz kurz, so wie in einem Werbespot darstellen würde, wobei die Kultur, die Sprache und die Sitten nur gestreift würden, wäre der Film 40 Stunden lang.

Wenn man dann noch eine interaktive Landkarte einblenden könnte, wo die jeweiligen Vermählungen mit GPS Koordinaten lokalisiert würden, dann würde man Punktwolken sehen, die sich über Afrika, Asien und Europa hin und her schieben, und die Wanderungen und Vermischungen meiner Vorfahren nachzeichnen. Für manche Minuten oder auch Stunden würden die Punkte vielleicht an derselben Stelle bleiben, dann aber durch Ereignisse, wie die Völkerwanderung, Klimaverschiebungen, Kriege und Vertreibungen, oder Handels- und Entdeckungsreisen wieder weiterwandern.

In der DNA sind zwar keine GPS Daten gespeichert, heute kann man schon aus den Genen einige Rückschlüsse über diese Wanderungen ziehen. Welche davon machen aber jetzt meine spezifische Identität aus?

Gehör ich zu einer Volksgruppe oder bin ich nicht eine Mischung aus unzähligen Vereinigungen verschiedenster Völker?

Meine Mutter wurde von den Nazis wegen ihrer Vorfahren, nach langem Hin- und Her als Mischling 1. Grades eingestuft. Aber sogar das war noch gefährlich! Was sollte das heißen?

„Dreivierteljuden seien Volljuden“ hatte man uns gesagt, *„die müssen ins KZ“* jammerte sie, während sie Holz im Küchenherd nachlegte und die Eintopf-Suppe umrührte.

Ich verstand als kleiner Bub absolut nichts davon. Aber ich merkte mir diese Gespräche doch irgendwie. Weil sie so oft wiederholt wurden, musste es ja was Wichtiges gewesen sein.

Erst viel später wurde mir klar, warum diese Ereignisse bestimmend für die ganze Familie waren, die es möglicherweise ansonsten gar nicht mehr gegeben hätte.

Was war denn hier vor meiner Ankunft alles geschehen?

Ich bin in der Wohnung meiner Großmutter im Schloss Seehof in Lunz am See auf die Welt gekommen

Meine Mutter hatte einen Bauern in Pyhra bei St. Pölten geheiratet, am Hof dort waren die hygienischen Verhältnisse eingeschränkt: kein Fließwasser, ungeheiztes Plumpsklo. Nicht gerade gut geeignet für die Entbindung einer Frau aus besseren Kreisen.

Schließlich ging alles gut und meine Mutter kam mit mir wieder auf den Hof zurück, wo sie sich als bürgerliche „Zugereiste" krampfhaft bemühte eine „echte" Bäuerin zu werden.

Bald lief ich im Hof und im Wald herum, spielte mit meinem Hund und freilaufenden Hühnern, bis ich dann müde, schmutzig und hungrig in die Küche zu meiner Mutter kam, wo die Erwachsenen immer so laut über anscheinend so wichtige Dinge aus ihrer Welt redeten.

Mein geliebter Hund Alfi jagt Vögel im Obstgarten

(Nachlass meiner Mutter)

Ich konnte nicht wissen, wo ich da hineingeboren war. Warum haderten meine Eltern ständig über diese Ereignisse, warum sagte meine Mama dann oft, irgendwie bedauernd und entschuldigend, „wir konnten ja nicht wissen, was diese Nazis alles anstellen würden. "

Volljuden, Dreiviertel-Juden, Halbjuden, KZ, warum beschäftigte sie das so?

Ich wusste, was ein Viertel Glas Most war. Wir pressten ihn ja selber im Herbst. Ich durfte mithelfen und kostete dann auch davon, wenn er noch ganz süß war.

Aber Dreiviertel, waren das dann drei Gläser voll? Und was waren das für Leute, die Juden? Hatten sie zu viel davon getrunken und einen Vollrausch bekommen, so wie manche Nachbarn im Dorf, die nach dem Kirtag im Straßengraben landeten?

Dass es für meine Mutter eine Frage auf Leben und Tod gewesen war, wer von ihren Großeltern als Jude und wer als „Arier" eingestuft wurde, konnte ich damals natürlich nicht wissen.

Diese Leute mit langen Bärten, Schläfenlocken und schwarzen Hüten, die nicht in die Kirche gingen, kannte man ja damals nur mehr vom Hörensagen, besonders auf dem Lande. Und dass man diese mysteriösen Menschen dann auch noch in 4 Teile zerlegen und dann wieder zu 3 Teilen einer eigenen „Rasse" zusammenfügen konnte, überstieg meine mathematischen Fähigkeiten und kindliche Begriffswelt vollkommen.

Ich hatte gerade mal das Einmal-Eins auswendig gelernt: *„6x6 ist 36, ist der Lehrer noch so fleißig, sind die Kinder noch so dumm, s'Staberl geht im Kreis herum!"*

Von Bruchrechnungen verstand ich nichts, von Zeitgeschichte noch weniger.

Dass dann meine über hunderttausende von Jahren gestrickte DNA um ein Haar abgerissen und ich gar nicht auf der Welt wäre, wenn man meine liebe Mutter deportiert und ermordet hätte, das hatte ich damals beim besten Willen nicht begreifen können. Ich wusste absolut nichts davon:

Dass es da vor 2000 Jahren ein Volk in einem „heiligen Land“ gab, das einen Wanderprediger und Heiler, dem die Leute scharenweise nachgelaufen waren, nicht als den erwarteten Messias anerkannt hatte, dass eine Besatzungsmacht diesen an ein Kreuz genagelt hatte, um ein Exempel zu statuieren, dass man auch mit religiösen Parolen eine Staatsmacht nicht herausfordern darf.

Dass dieselbe Besatzungsmacht einige hundert Jahre später diese Religion, die man als Christentum bezeichnete, als Staatsreligion adoptiert hatte.

Dass mittlerweile das Volk, aus dem dieser verkannte Messias stammte, in alle Winde zerstreut war, aber dennoch sehr streng an seinen Sitten und Gebräuchen festhielt, was ihnen half, weit verzweigte Handelsbeziehungen aufzubauen, während es ihnen aber auch in den Augen der anderen den Nimbus von Geheimniskrämerei und Verschwörern, die es vielleicht nur auf obskure Weise zu Reichtum gebracht hatten, einbrachte.

Genauso wenig wusste ich von den unterschiedlichen jüdischen Wanderungsbewegungen, denen der sephardischen Linie aus Al-Andalus, die friedlich mit Muslimen und Christen gelebt hatten, bevor jene besiegt und vertrieben, und das

Volk durch die Inquisition über ganz Europa und Nordafrika verstreut wurde.

Dann war da die askenasische Linie, die aus Mitteleuropa zu Beginn der Kreuzzüge, und während der später wütenden Pest als Sündenböcke nach Polen, Russland, in die Ukraine und nach Rumänien vertrieben wurden, wo sie mit ihrem Kapital zur Entwicklung dieser Länder beitrugen, um dann einige Jahrhunderte später, diesmal nach den Pogromen in Russland, wieder nach Österreich-Ungarn, Deutschland oder Frankreich zurückzukehren, oder auch nach Amerika auszuwandern.

Schon gar nichts wusste ich von den Chasaren, jenem mysteriösen türkisch-mongolischen Volk am Schwarzen Meer, das sich anscheinend vor tausend Jahren zum Judentum bekehrt hatte, obwohl es gar nicht aus Palästina stammte, und aus dem - der Überlieferung nach - ein Teil der Familie meiner Großmutter entstammte.

Diese Großmutter hatte ich sehr geliebt. Leider starb sie, als ich erst 6 Jahre alt war.

Ich war auch nicht darüber im Bilde, dass zur selben Zeit ein arabischer Prophet, Prediger und Stammesfürst in der Wüste eine neue Religion gegründet hatte, die sich rasch ausbreitete und der ebenfalls das sogenannte „heilige Land“ nun beanspruchte, das aber auch den Christen und Juden heilig war, obwohl der gekreuzigte Wanderprediger der Christen immer wieder betont hatte, dass sein Reich ja gar nicht von dieser Welt sei.

Dass später Fürsten und Päpste, nachdem sie die Juden aus ihrem Lande vertrieben hatten, in dieses Land einfielen, plünderten, raubten, vergewaltigten. Alles angeblich im Namen dieses eher „außerirdischen" Religionsstifters.

Dass zur selben Zeit die Juden, die aus Europa in den Osten ausgewandert waren, sich dort mit den jüdischen Nachfahren aus diesem geheimnisvollen Chasarenreich vermischt und später eine eigene „jiddische" Kultur gegründet hatten.

Die „roten Juden" in einem Glasfenster der Marienkirche in Frankfurt/Oder sollen möglicherweise die Khasaren darstellen, die anscheinendend rothaarig waren und blaue Augen hatten (wikipedia.org/wiki/Rote_Juden).

Als dann die russischen Zaren und Fürsten den Hass auf dieses Volk geschürt hatten und viele von ihnen umgebracht wurden, fanden andere in der damals noch weltoffenen multikulturellen k&k Monarchie eine Zuflucht.

Bis dann ein erster fürchterlicher Krieg verloren war, weshalb viele Einwohner hungerten und sich radikalen Parteien anschlossen.

Wie konnte ich wissen, dass dann eben ein staaten- und arbeitsloser Propagandist mit einem schmalen Bärtchen unter der Nase, wie es auch noch immer viele alte Männer in unserem Dorf trugen, erneut diesen Hass geschürt hatte, und als er dann an die Macht kam, die Vernichtung dieses Volkes als politisches Ziel verkündete.

Und dass meine Mutter, die da am Herd mit einer Hand die Suppe umrührte, und mit der anderen zu den Erzählungen von damals gestikulierte, ebendieser Bedrohung nur knapp entkommen war. Was konnte ich mit meinen 5, 6, oder 7 Jahren nicht alles nicht wissen?

Ich hatte zwar Religionsunterricht in der Schule, hatte die 10 Gebote, die Geschichten von Adam und Eva, Kain und Abel gelernt. Warum durfte Adam keinen Apfel essen, wo wir doch einen ganzen Obstgarten davon hatten und im Herbst gar nicht alle aufklauben konnten? Vor roten Äpfeln hatte ich nur Angst, weil Schneewittchen damit vergiftet worden war.

Aber, dass ich in der Schule so viel lernen, und zuhause auch noch im Stall mithelfen musste, ausmisten, Futter machen und vieles mehr, nur weil diese blöde Kuh von einer Eva dem Adam einen Apfel zugesteckt hat, und ein beleidigter Gott dann beide aus seinem Paradies gejagt hatte, das ging mir überhaupt nicht ein.

Und die Geschichte vom Brudermord des Kain ~~an~~ und Abel war mir auch etwas zu stark, obwohl ich ständig mit meinem Bruder Streit hatte, aber ein paar Stunden später waren wir ja ohnehin wieder versöhnt.

Ich musste alle meine Sünden beichten, mein Gewissen erforschen, zur Kommunion gehen und als Messdiener den Weihrauch schwingen, bis ich davon ganz „high" war. Dann blieb ich benommen vor allen Leuten am Altar stehen während sich der Pfarrer und die Gläubigen niederknieten.

Ich war von dieser sanften Kirchendroge und dem Singsang ebenso betört und stehend in Meditation versunken. Dafür bekam ich dann in der Sakristei eine Ohrfeige vom Pfarrer, das holte mich etwas unsanft in die Realität der christlich konservativen Erziehungswelten zurück.

Was die Muslime betrifft, so hatten wir nur von den Türken gehört, die einen Pfarrer aus Pyhra an ein Pferd gebunden und zu Tode geschliffen hatten und mit wilden Bärten und Säbel schwingend herumgezogen waren und sogar Frauen aus der Gegend bis nach Istanbul entführten.

Einige kamen dann gegen Lösegeld wieder frei, andere blieben als Sklavinnen dort, weil sich ihre Männer schon wieder mit anderen Damen verheiratet hatten.

Als die Türken dann besiegt wurden und abzogen, war die Gemeinde verwüstet und es fehlte an Bauern. Die Höfe waren zum Großteil verwaist, die Felder lagen brach und kein Zehent konnte mehr an die Pfaffen in den Klöstern abgeliefert werden. Zur selben Zeit war in Tirol eine Hungersnot ausgebrochen, anscheinend als Folge der „kleinen Eiszeit", einer Klimaschwankung, die vor allem im Gebirge die Almwirtschaft stark getroffen hatte, und wo sich die Gletscher an der Baumgrenze ausbreiteten.

Hier war der Lebensraum der Ziegenbauern, die ihre „Geißen" dort weideten, wo die Kühe nicht mehr hinkamen. Und so kam die Familie meines Vaters, verarmte Tiroler Ziegenbauern und Zuwanderer als Klimaflüchtlinge vor 300 Jahren auf Vermittlung der Kirche nach Niederösterreich und erhielt einen der leerstehenden Bauernhöfe in Pyhra als Lehen, damit wieder Geld in die Klosterkasse fließe. Auch diese Wanderungen beeinflussten also meine verschlungenen DNA Muster.

Direkt neben der aus Tirol zugewanderten Familie meines Vaters gab es den großen Gutshof von Kyrnberg, der 1891 von Bertha Wittgenstein, Tochter einer reichen Wiener Familie gekauft wurde.

Die Wittgensteins waren eine assimilierte österreichisch-jüdische Industriellenfamilie, deren Wurzeln in der Kleinstadt Bad Laasphe im Wittgensteiner Land in Nord-Hessen lagen.

Ein jüdischer Vorfahre hieß Moses Meyer, war Sohn eines Fischhändlers und dann Gutsverwalter, der dort für die Grafen von Sayn-Wittgenstein-Hohenstein gearbeitet hatte, später wurde er dann Wollhändler und musste nach den napoleonischen Gesetzen einen eindeutigen deutschen Familiennamen annehmen, deshalb entschied er sich für den Namen seines Landkreises, dem Wittgensteiner Land. Sein Sohn Hermann Christian Wittgenstein war evangelisch getauft, zog nach Leipzig und wurde ein reicher Kaufmann, seine Kinder übersiedelten dann nach Wien.

Bertha war eine von ihnen, sie hatte den Wiener Rechtsanwalt Carl Kupelwieser, Sohn des berühmten Kirchenmalers Leopold Kupelwieser geheiratet, und ihr Bruder Karl Wittgenstein wurde einer der reichsten Eisenfabrikanten der Monarchie.

Karl Wittgenstein, Bronzeplaquette zur silbernen Hochzeit, 1899 von Carl Kupelwieser gespendet (Nachlass meiner Mutter).

Bertha hatte vier Kinder, das jüngste war mein Großvater: Dr. Hans Kupelwieser.

Er wuchs zwischen Wien, Kyrnberg und Lunz am See auf, studierte in Leipzig und heiratete schließlich eine moldauische Jüdin, die er bei seinem Biologiestudium dort kennengelernt hatte. Sie war schon vor den russischen Judenpogromen 1904 aus Moldawien ausgewandert, da sie wegen einer Studienbeschränkung für Juden in Russland nur in Deutschland studieren konnte. Ihre Familie ging zuerst nach St. Petersburg und verstreute sich dann über ganz Europa.

Sie war mit ihren 25 Jahren wunderschön, intelligent und auch schon sehr emanzipiert. Eine der wenigen Studentinnen der Biologie damals in Deutschland. Ihre Augen hatten aber einen ganz leicht asiatischen Einschlag. Ob das der Einfluss der Gene der „Chasaren“ war?

Das war meine heiß geliebte Großmutter, die mich dann später immer wieder am Bauernhof besuchte, und im Schloss in Lunz eine große, äußerst schön möblierte Wohnung besaß, wo ich im Sommer herumtoben konnte.

Nach Forschungsaufenthalten in Amerika und Frankreich gingen meine Großeltern nach München, wo Hans Kupelwieser Dozent für Zoologie an der Universität wurde. Sie hatten sich dort eine schlossähnliche Villa in der Pienzenauer Straße an der Isar bauen lassen, mit einer Innenarchitektur im Dampfschiff-Stil, entworfen von einem späteren Architekten Hitlers, Paul Ludwig Troost.

Erst nach dem ersten Weltkrieg, als die Kriegsanleihen wertloses Papier waren, verkauften sie diese und zogen dann nach Wien und später auf das Landgut in Kyrnberg bei St. Pölten, wo mein Großvater neben dem „Jagdhof“ seines Vaters ein altes Bauernhaus zu einer geräumigen Villa umbauen ließ, seine Forschungen an den Nagel hängte und sich dringend um das Fortbestehen der inzwischen stark verschuldeten Güter kümmern musste.

Diese Villa unserer Großeltern stand dann vollkommen leer als wir Kinder waren, wir spielten aber oft in den Räumen, die ein eigenes aristokratisches Flair hatten, und wo ein altes Klavier stand, auf dem wir herumklimpern konnten: „Hänschen klein, ging allein.“, „Fuchs du hast die Gans gestohlen, gib sie wieder her…“ usw.

Der Obstgarten war etwas verwildert, dennoch gab es dort saftige Birnen und Zwetschken und sogar einige Weintrauben. Es war aber nur der kleine, 28 ha große Rest des früher von Bertha Wittgenstein angekauften Gutes Kyrnberg, der uns noch gehörte, und dann mit dem angrenzenden Gehöft meines Vaters zusammengelegt wurde.

Als meine Mutter nach dem Krieg in diese damals total ausgeplünderte Villa der Familie nach Kyrnberg zurückkam und ganz allein den Obstgarten wieder in Schwung brachte, kam der junge fesche Nachbar, mein Vater, mit seinen Rössern oft vorbei, um ihr zu helfen, einen Acker zu pflügen, Heu einzubringen usw.

Mein Vater als Helfer (Nachlass meiner Mutter)

„Dieses Weibsbild konnte sich ja allein gar nicht helfen, da bin ich halt immer wieder eingesprungen“ erzählte er. Sie hatte zwar einige Semester Landwirtschaft studiert, aber sie wusste gar nicht, wie man einen Kuhstall führt.

Einige Jahre später vermählten sich die beiden. Der Kuhstall hatte seinen Zweck erfüllt.

Und so vermischten sich bei meiner Zeugung Süd-Tiroler Bergbauern- und altösterreichische Industriellen-Gene mit jüdischen und „chasarischen“, was ohne die Diaspora, die Völkerwanderung, der Bekehrung von schamanischen Turkvölkern zum Judentum, den Einfall der muslimischen Türken in Österreich, den Klimaschwankungen in den Alpen, den Schicksalsschlägen in der Familie Kupelwieser und dem grausamen Krieg dieses schmalschnurrbärtigen wahnsinnigen Politiker-Verbrechers vor meiner Geburt vielleicht nicht möglich gewesen wäre.

Aber das konnte ich ja damals alles noch nicht wissen. Ich tobte mit dem Hund und den Hendln im Garten herum, spielte mit den Nachbar Kindern „Schneider, Schneider, leih ma d' Scher“ und Verstecken zwischen all dem Gerümpel, was sich in den Schuppen des Hofes meines Vaters angesammelt hatte.

Obwohl die Türken mit unserer Gemeinde sehr unsanft umgegangen waren, liebte ich aber auch mein Märchenbuch vom „Hadschi Bratschis Luftballon“ sehr, wo der Orient mit blühenden Palmenhainen und großen Palästen beschrieben war, was ich sehr schön fand. Warum mussten die dann so weit her reiten und unseren Pfarrer töten, wenn es dort eh so schön ist und so viele Orangen und Bananen wachsen? Dass der Hadschi Bratschi (*„heißt er, kleine Kinder beißt er“*) auch ein Schurke war und die ganze Geschichte sehr grausame Seiten hatte (*„schnell das Wasser ist schon lau, schreit die Menschenfresserfrau“),* konnte mir keine Angst machen, in dem Alter hat man Vorlieben für exotischen Nervenkitzel aus den kolonialen Gebieten.

Aber dann gab es immer wieder noch die Geschichten vom Krieg. Wenn Tante Resi aus Wien auf Besuch kam, die jedes Mal Schokolade und Bananen für uns dabei hatte:

„Jo, der Kaiser Franz Josef, der alte „Tatterer“, jo, und der Dollfuss, geh hört's mir auf, des haben mir eh schon alles erlebt, na was soll man da sagen, du heiliger Bimbam, dann erst dieser Hitler, ach was haben wir nicht alles schon mitgemacht in Wien“.

Aber dann sei alles nur mehr zerbombt gewesen, und viele Männer waren fort im Krieg, manche seien gar nicht mehr heimgekommen, so jammerte sie die ganze Zeit dahin, während wir gleich die ganze Tafel Schokolade verdrückten, und dann wieder hinausstürmten, denn all diese anscheinend so wichtigen Leute sagten uns überhaupt nichts.

Viele Frauen waren damals im Krieg zu ihren Verwanden raus aufs Land gekommen und halfen auf den Bauernhöfen bei der Arbeit im Feld und im Stall mit. Fast die ganze Landwirtschaft war in Frauenhand gewesen, die Männer waren rar oder unbrauchbar.

Andere Frauen hätten in Wien am Platz vorm Westbahnhof Kartoffel angebaut, und im Wienerwald Brennholz gemacht, bis fast kein Bestand mehr da war.

Dann aber war der Krieg verloren, es kamen die Russen. Unser ganzes Dorf versteckte sich im Wald. Die SS hub noch hinter unserem Hof am Waldrand, wo man in Deckung auf die Straße zielen konnte, Schützengräben aus. Und als die Frauen und Kinder dann einige Tage später aus dem Wald herauskamen, lagen viele Leichen in unserem Obstgarten.

Ob die abziehenden SS-ler oder die Russen alle Kühe mitgenommen hatten, konnte man nicht mehr so genau in Erfahrung bringen.

Das interessierte mich dann wieder mehr, zumal die Schokolade schon zu Ende war.

Kühe und Obstgarten waren mir ein Begriff. Aber wie ist das, bewegt sich so eine Leiche wirklich nicht mehr? Wo lagen sie denn da, in meinem Garten, in dem ich mit dem Hund Alfi herumtollte, wenn er nicht gerade auf die freilaufenden Hühner losging.

Die Schützengräben waren noch da, direkt am Waldrand, gut getarnt hinter unserem Garten von wo man auf die Straße nach Schloss Wald hinuntersah. Mama warnte uns immer davor, dass dort noch Munition läge, die explodieren könnte. Und wirklich, eines Tages hatte ein Knabe aus einem Nachbardorf, der eine Eierhandgranate entdeckt hatte, die dann in seiner Hand explodiert war, einen Arm verloren.

Aber sich all das zusammenzureimen war zu viel für meinen kindlichen Verstand. Ich spielte trotzdem gerne im Wald am Rand der Schützengräben. Die weichen Moosposter gefielen mir ganz besonders, und die Schwammerln, das Reisig und die Tannenzapfen, die so gut rochen, die Eicheln und die Farne, es gab so viel zu entdecken, es war ein nicht ungefährliches Paradies für mich.

Angst hatte ich nur in der Nacht, wenn es im Wald dunkel wurde, vor Hexen aus der Geschichte mit Hänsel und Gretel, vor dem bösen Wolf und all den anderen Märchengestalten, das war realer für mich als die Geschichten von der SS, was immer das auch gewesen sein mag, die in den Schützengräben auf verlorenem Posten gekämpft hatten und glaubten, die Russen aufhalten zu können, währenddessen sich ihre Vorgesetzen schon in den Westen in Richtung „Alpenfestung", etwa nach Lunz am See, zurückgezogen hatten.

Ich wusste auch noch nicht, was „Politik" war, wenn mein Vater bei den riesengroßen Gesichtern der Wahlplakate mit seinem ersten „Steyr 15" Traktor vorbeifuhr und schimpfte.

Wir hatten doch in der Schule gelernt, dass wir in einem guten und gerechten Land namens Österreich wohnen, mit einem Präsidenten, der alle Menschen gern hatte. Er besaß zwar keine große Kutsche wie der Kaiser, und hatte auch keinen Backenbart, aber dafür ein schönes glänzendes Auto, und er hört es gerne, wenn die Kinder die Bundes-Hymne singen, die wir in der Schule gelernt haben: „.... viel gerüh-hüh-rühmtes Ö-ö-österreich".

Aber mein Vater meinte, dic Politiker würden dort alle in Wien nur saufen und „herumhuren" und nichts für uns tun. Doch räumte er ein: *„Weißt Du, wenn ich an deren Stelle wäre, würde ich es auch so machen."*

Da verstand ich überhaupt nichts mehr. Wo wir doch die 10 Gebote gelernt hatten: Nicht zu stehlen, nicht zu lügen und unsere wohlig kribbelnden „Spatzerln" nicht unkeusch zu berühren. Galten denn für die Erwachsenen andere Regeln als die, die sie ihren Kindern lehrten?

Man konnte ja der Versuchung gar nicht widerstehen, die Zwetschken vom Nachbarn zu *„fladern"*, mal mit den anderen Kindern zu raufen, dann wieder unter den Röcken der Mädchen „Doktor" zu spielen und man musste natürlich immer wieder lügen, um sich vor dem Jähzorn des Vaters zu schützen.

Es gab ja sonst Prügel, jedes Mal, wenn man erwischt wurde, und das tat weh und war darüber hinaus sehr erniedrigend. Dann hieß es, das sei gut für uns, dann würden wir keine Verbrecher. Früher hätten sich Kinder sogar nach den Prügeln vor dem Vater niederknien müssen um sich dafür zu bedanken, dass man sie so davor bewahrt hätte, Verbrecher zu werden.

Hatten die Politiker in Wien vielleicht als Kinder zu wenig Prügel bekommen, weil sie sich nicht mehr um die Sorgen der Leute kümmerten, sondern in Saus und Braus lebten?

Wenn der Vater in Rage kam, war es am besten nicht aufzufallen und sich davonzustehlen. Dann schrie er immer: *„7 Jahre war ich im Krieg"*. Da geisterte er plötzlich wieder herum, dieser „Krieg", und unsere Hintern mussten dafür herhalten.

Was hatte denn der Krieg damit zu tun, dass wir des Nachbarn Ziegenbock aus dem Stall herausgelassen hatten, um dann schreiend und lachend davonzulaufen, wenn er mit Bocksprüngen auf uns losging, oder wenn wir 50 Groschen oder eine schöne glänzende Schilling-Münze aus einer Kleingeld-Schatulle der Eltern gestohlen hatten, um uns im Wirtshaus ein *„Kracherl"* und eine Wurstsemmel zu kaufen.

Oft kamen wir auch patschnass und voll Dreck vom Spielen oder vom Fischen mit Drahtschlingen aus der Perschling nach Hause.

Und wenn er manchmal schon am Morgen schlecht aufgelegt war, dann sagte er, er hätte schon wieder vom Krieg geträumt.

Vielleicht wäre unser Vater zu uns viel netter gewesen, wenn er diesen Krieg nicht erlebt hätte?

Vater als Funker im Polen-Krieg (links stehend) (Nachlass meines Vaters)

Manchmal sprach er auch mit meiner Mutter darüber. Er hätte ganz schlimme Sachen gesehen, wie man in Polen auf Frauen und Kinder geschossen hätte. Er war Funker gewesen, auf dem Motorrad-Beiwagen, zwischen der Vorhut, den Spähern und der Armee hinter ihm, da haben sie oft über ihn darüber geschossen, und er musste in Deckung gehen und konnte nur mehr beten.

Und dass er dann Glück im Unglück hatte, als man ihm an der Westfront in Frankreich den kleinen Finger anschoss, den man ihm dann im Lazarett in Darmstadt wieder annähte, worauf er dann nicht mehr nach Russland einrücken musste. Und er war schlecht auf die „Piefkes" und Nazis zu sprechen, das war für ihn alles dieselbe, *„verfluchte Saubagage"*.

Vater im Westfeldzug vor den Ardennen als „Befreier", Ende Mai 1940, knapp vor seiner Verwundung. (Nachlass meines Vaters)

Aber dann gab es auch wieder Lichtblicke, Feiertage und Kirtage, wo wir unsere Würstel und unser Kracherl bekamen. Prozessionen, wo wir durch blühende Wiesen zogen und *„heilig, heilig, heilig"* sangen, und der Pfarrer unter dem „Himmel", einem Baldachin mit Brokatverzierungen, die Felder mit Weihwasser segnete.

Da marschierte auch der Kameradschaftsbund mit, bei uns hieß er *„Kriegerverein"*. Das waren viele alte Leute, manche mit großen eindrucksvollen geschwungenen gezwiebelten Schnurrbärten, andere wieder mit den kleinen gestutzten Bärten an der Oberlippe, wie dieser depperte Hitler, der diesen fürchterlichen Krieg angefangen hatte.

Das waren die aus dem Krieg zurückgekehrten Erwachsenen, in dem auch mein Vater gewesen war. Manchen fehlte ein Bein, ein Arm oder ein Auge. Aber sie marschierten wacker hinter ihrer Fahne, und die leicht besoffene Blaskapelle spielte dazu.

Und dann waren da noch die *„Rowdies"* und *Schlurfe,* die sich die Haare mit Brillantine einschmierten, die jungen kräftigen Burschen, die immer wieder eine Rauferei vor dem Wirtshaus anfingen. Jede Generation hatte ihr eigenes *„Oufit"*.

Und die jungen Mädchen waren entweder im Dirndl, oder in hautengen Jeans und tanzten Boogie-Woogie und schminkten sich die Lippen. Ich hörte aber lieber die Schlager im Radio:

Ich trällerte *„Marina, Marina, Marina "* mit Rocco Granata oder *"Café Oriental"* mit Bill Ramsey. Meine Lieblingssendung war *„Autofahrer unterwegs"*, und ich konnte, zum Leidwesen meiner

Mutter, die nur auf Klassik und Volksmusik stand, bald alle Schlager auswendig.

Dann gab es noch das *„Lichtspieltheater"* oder auch Kino genannt. Am Samstagabend lehnten schon die Schlurf und die Mädchen in den Jeans davor und rauchten Zigaretten. Wir durften uns nur mit den Eltern die Naturfilme ansehen.

„Serengeti darf nicht sterben", mit den vielen Tieren aus Afrika. Mutter sagte ununterbrochen *„großartig, na so was, also unglaublich"....*

Im Vorspann war die Wochenschau. In Kuba war eine Revolution ausgebrochen. Fidel Castro und sein Vollbart waren über die Leinwand in Großaufnahme zu sehen. Das ganze Kinopublikum murmelte: *„Na so ein Räuberhauptmann!"*

Das beeindruckte mich stark. Die Räuber im Wald kannte ich von meinen Kinderbüchern. Sie hatten was Bedrohliches, aber auch was Romantisches. Wie war das jetzt mit dem 5. Gebot, du sollst nicht stehlen? Ich darf mir keine 50 Groschen aus der Schatulle meines Vaters nehmen?

Was hatte dann ein Räuberhauptmann wie Castro gestohlen, dass man ihn ganz übergroß auf der Leinwand zeigte? Warum bekam ich Prügel, und der wurde gefilmt, weil er was gestohlen hatte?

Eigenartig, diese Welt, in die ich da hineingeraten war?

Ich hatte zumindest wieder eine neue Bart-Mode gesehen. Dass mich diese verschiedenen Outfits mein ganzes Leben lang begleiten würden, ahnte ich damals noch nicht.

Meine Faszination für Afrika wurde auch durch die Bücher aus *„Readers Digest“*, die meine Mutter abonniert hatte, gefördert. Da gab es Geschichten von Elefanten und Großwildjägern.

So träumte ich schon als Kind immer von Afrika. Und in der Kirche gab es dann einen Lichtbildervortrag eines Missionars, wie er mit seinem Auto in einem Schlammloch stecken geblieben war, und die ganze Kirche murmelte wieder:

„… na so was, Zuständ sind des, na des gibt's net“. Dann wurde gleich für ein neues Auto gesammelt.

Wir mussten auch im Religionsunterricht immer für die armen „Heidenkinder“ beten. Und dann bekamen wir je ein kleines goldenes Herz in eine Karte eingeklebt, und wenn die Karte mit Herzen voll war, hatten wir unsere Sünden ganz einfach, schwuppdiwupp, weggebetet.

Das war schon sehr praktisch, denn ganz ohne Sünden konnten wir ja doch nicht leben und in die Hölle wollten wir ja auch nicht kommen. Ob die armen „Heidenkinder“ auch wirklich was davon hatten, konnten wir damals nicht überprüfen.

Aber manchmal hatte ich auch Albträume von Afrika, die Geschichten von wild gewordenen Elefanten, brennenden Dornbüschen, riesengroßen Termitenburgen verfolgten mich in meinen Träumen.

Und dann gab es Berichte im Radio über einen Krieg im Kongo, einen UN-Generalsekretär mit einem komplizierten schwedischen Namen, der im Flugzeug abgeschossen wurde, und über afrikanische rivalisierende Politiker.

Und wir verstanden wieder einmal gar nichts von der Politik der Großen, aber wir sangen:

„…und sie tanzen einen Rumba, Kasavubu und Lumumba".

Als wir dann in St. Pölten im Gymnasium unsere ersten Geographiestunden hatten, sagt der Lehrer nur lakonisch:

„Afrika braucht ihr jetzt nicht lernen, da kennt sich keiner mehr aus mit denen ihrer Unabhängigkeit".

Als ich darüber mit meiner Mutter sprach, erzählte sie mir, dass in ihrer Zeit in den 30-er Jahren, der Geographieprofessor in St. Pölten noch in der Schule deklamiert hätte:

„Afrika: Hinter jedem Busch ein Wilder, jeder Schuss ein Treffer!"

Also diese Erwachsenen, immer führen sie Kriege, aber uns wollen sie die 10 Gebote einreden:

„du sollst nicht, du sollst nicht, du sollst nicht", und wenn wir nur so zum Spaß raufen, bekommen wir schon Prügel. Und dann sollen wir auch noch beichten gehen und unzählige Vaterunser als Buße beten....

Aber am Kirtag sang man dann:

„Jeder Kongoneger hat sein Hosenträger, aber unsereiner der hat nix; jeder Eisenbahner hat a lange Stanga, jeder Hinterinder, der hat zwanzig Kinder, jeder Bauernlackl hat sein Weib am Frackl ... aber Unsereiner der hat nix..."

So wurde ich dann doch noch in die Grundprinzipien der Geographie und Völkerkunde eingeführt, und in die Mentalität der *„Neidgenossenschaft"* der einfachen Leute am Lande, die sich jetzt nicht mehr so richtig als „Herrenvolk" sehen konnten, und die die tief greifenden politischen Veränderungen, die dieser Krieg ausgelöst hatte, überhaupt nicht mehr begriffen.

Was aber damals mit den Juden geschehen war, wurde von niemandem mehr angesprochen, und umso älter wir wurden, umso weniger wurde darüber gesprochen, zumindest *„ ... doch nicht vor den „Kindern!"*.

Aber so blöd, dass ich mir von all diesen Geschichten gar nichts gemerkt hätte, war ich ja nun auch wieder nicht!

Der „blöde Bub“

Da waren auch die Erinnerungen an meine Mutter, die mich oft überall hin mit ihrem Fahrrad mit dem Kindersitz auf der Lenkung mitnahm, auf der staubigen Landstraße, bevor sie asphaltiert worden war, und wir zum Einkaufen zum Müllner, dem Krämerladen fuhren.

Dort gab viele schöne Dinge: „Zuckermanderln“, Schnitten, Stollwerk und andere Süßigkeiten. Das war immer ein guter Anreiz, mitfahren zu wollen. Abgesehen von dem schönen Gefühl, allein mit der Mutter unterwegs zu sein und die Landschaft vorbeirauschen zu sehen, und schneller zu sein als die Fußgänger, die jedes Mal mit *„s'Gott“* begrüßt wurden.

Dort, wo die Ebene des Traisentales in die Hügel des Alpenvorlandes übergeht, führt die Straße von Schloss Wald entlang der Perschling nach Pyhra, von uns zum *„Greißler“* waren es etwa zwei Kilometer, mit dem Fahrrad nur 10 Minuten.

Später sollte das mein Schulweg zur Volksschule sein, wo wir mit unseren kleinen Beinen aber jedes Mal eine gute halbe Stunde brauchten, wenn uns nicht der dicke, freundliche Postautobuschauffeur gratis mitnahm.

Einmal kam ein Militärauto daher gerast, da stieg meine Mutter ab vom Fahrrad und zerrte mich zum Straßenrand: *„Schnell Hansl, die Russen,* *halt still jetzt"*. Die Russen, damals noch Besatzer in Niederösterreich, würdigten uns allerdings keines Blickes, aber die Staubwolke, die das Auto hinterließ, war für mich sehr beeindruckend.

Ja, und da waren die Blockhäuser des ehemaligen Gutes Kyrnberg, im Tirolerhaus-Stil, der gar nicht zu den hier gebräuchlichen Vierkanthöfen passte.

Mein Urgroßonkel Paul Kupelwieser war Verwalter bei den Witkowitzer Eisenwerken des Baron Rothschild gewesen, sein Bruder, mein Urgroßvater, der Rechtsanwalt Carl Kupelwieser hatte, wie schon erwähnt, Bertha Wittgenstein geheiratet, die dieses Gut Kyrnberg mit in die Ehe brachte.

Auch Carl war, wie sein Bruder, durch den Erwerb von Eisen-Aktien fast über Nacht reich geworden. Er kaufte nun seinerseits in großem Stil Grundbesitz in Wien, Pörtschach, Pyhra und Lunz am See, wo er Villen, Jagdhäuser und ein Schloss erreichten ließ.

Zu den ererbten und erworbenen Gütern kaufte man auch noch möglichst viele angrenzende Bergbauernhöfe auf, um zusammenhängende Waldgebiete für die Jagd zu erhalten. Man wollte als „Neureiche" gegenüber den alteingesessenen Aristokraten als ebenbürtig gelten. Allerdings wurde diese, damals weitverbreitete Praxis des Erwerbs von Bergbauernhöfen durch die Neureichen, bald wenig schmeichelhaft als „Bauernlegen" denunziert.

Gleichzeitig spendeten Carl und Bertha aber auch viel für die Allgemeinheit. Das Radium Institut in Wien, das Spital in Scheibbs, die Biologische Station Lunz am See usw.

Bertha u. Carl Kupelwieser (Nachlass meiner Mutter)

So auch die alte landwirtschaftliche Schule in Pyhra, zu der nun auch unser ehemaliges Gut Kyrnberg dazugehörte, an dem ich mit meiner Mutter auf dem Fahrrad entlang fuhr.

Links von der Straße nach Pyhra war noch ein kleiner Teil, das sogenannte Restgut oder Obstgut, der noch immer der Familie meiner Mutter gehörte, gedrängt an einen Steilhang, mit einem riesigen Mostkeller, hinter dem „Stadlerhaus", wo der Stadler, seines Zeichens Kutscher meiner Großmutter, gewohnt hatte.

Weiter oben dann der „Jagdhof" meines Urgroßvaters und dahinter die nun leerstehende Villa, wo meine Mutter aufgewachsen war. Auf der anderen Straßenseite befand sich das eigentliche Gut mit vielen Wirtschaftsgebäuden, Kuhställen, umgeben von hügeligen Wäldern und Wiesen des Alpenvorlandes.

Da ließ dann meine Mutter einmal einen Seufzer los und sagte zu mir: *„Ja, wenn uns der Gauleiter das nicht alles weggenommen hätte, könnte das alles jetzt dir gehören."* Das verstand ich damals noch nicht, aber es blieb mir doch als eine Art Rätsel im Gedächtnis hängen.

Mich interessierten die billigen Bonbons, genannt *„Zuckermanderln"*, wesentlich mehr als ein Gut mit vielen Äckern und Wiesen. Mein Vater, der die Mutter nach dem Krieg fast ganz allein mit einer Kuh, einer Ziege, einigen Schweinen und dem tschechischen Hausmeister und Gärtner Wenzel Kadletz auf dem „Restgut" vorgefunden hatte und zum Heumachen und zur Obsternte herbeigeeilt war, besaß ja selber einen Bauernhof gleich hinter Kyrnberg mit Wiesen, Äckern und einem kleinen Wald.

Genug für mich zum Herumlaufen, um auf knorrige Obstbäume zu kraxeln, und im Sommer Eierschwammerl suchen zu können. Was brauchte ich da noch so ein großes Landgut?

Dennoch ließ mich das Problem nicht ganz los. Jemand, der meiner Mutter was weggenommen hatte, konnte nur ein schlimmer Bösewicht sein. Er musste etwa so ausschauen wie der Rübezahl aus einem Märchenbuch, das ich immer wieder durchblätterte und aus dem man mir so oft vorgelesen hatte, riesengroß, mit schwarzem Bart und eine Keule schwingend.

„Mama, was ist ein Gauleiter?" fragte ich sie dann, als wir wieder zuhause angekommen waren.

„Nein Hansl, warum fragst du so viel, das verstehst Du nicht, das ist eine lange Geschichte", war die Antwort. Immer dasselbe, ich war halt ein *„bleder Bua"*, der noch nichts verstand...

Der „Rübezahl"-Berggeist aus dem Riesengebirge, gemalt von Moritz von Schwind 1859, so wie ich vom Gauleiter träumte. (Wikimedia commons public domain)

Na gut, ich war ja noch klein und noch nicht einmal in der Schule, und am Hof gab es so viele interessante Dinge: Hühner, die noch frei herumliefen, während sich auf dem Misthaufen der Hahn in Szene setzte, Kälber, die einem mit der Zunge die Hand leckten, dass es kitzelte, den großen Hund, die Katzen am Heuboden, die Haflingerpferde und die Schweine im Saustall, die immer so lustig und ganz ordinär grunzten.....

Da vergisst man bald die Frage nach dem bösen Gauleiter, zumindest, wo er doch schon lange gestorben ist und meiner Mutter sicher nichts mehr antun wird…

Natürlich, wenn es sich um ein Schloss gehandelt hätte, ein solches wie in Lunz am See, dort, wo meine Mutter mit mir immer in den Urlaub fuhr, mit einem Springbrunnen und riesigen Zimmern voller schöner glänzender Möbel, dort, wo meine heiß geliebte Großmutter Polya lebte, die mit den etwas fremdländischen Augen, die ursprünglich aus Kishinev stammte und die mir immer neue Spielsachen und Märchenbücher schenkte, dann hätte ich Sache nicht so schnell wieder vergessen, zumindest nicht ein halbes Leben lang …

Meine Großmutter Pauline (Polya) Kupelwieser, geb. Gorodetzky (Nachlass meiner Mutter)

Von den schönen Möbeln aus dem Schloss hatte meine Mutter auch einige bekommen. Sie sagte, sie seien etwas ganz Besonderes, einige davon stammten sogar aus Brioni, wo ihr Großonkel Paul Kupelwieser eine Insel gekauft hatte, Malariasümpfe trockenlegte und eine österreichische Riviera schuf.

Das war auch so eine Geschichte. In meinem Kinderzimmer hangen Ölbilder, die auf dieser Insel gemalt wurden, schöne Landschaften und

Blumen mit südländischem Flair. Alles sei *„furchtbar wertvoll"* und 1935 im letzten Moment aus Istrien, das damals zu Italien gehörte, nach Österreich zurückgebracht worden. Irgendwo soll auch noch ein Ticket von der Bahnverladung der Möbel in Zagreb kleben.

Ich hatte aber keinen wirklichen Bezug dazu. Dass der Bruder meines Urgroßvaters, Paul Kupelwieser, seinen einträglichen Job für Baron Rothschild bei den Ternitzer und Wittkowitzer Eisenwerken an den Nagel gehängt hatte, um 1893 eine malariaverseuchte adriatische Inselgruppe zu erwerben und zu „kolonisieren", aus der dann ein alt-österreichisches Urlaubsparadies wurde, wo alles, was Rang und Namen hatte, hinfuhr, war mir damals nicht bewusst.

Meine Großtante Ida auf Brioni, Foto eines verschollenen Gemäldes von Maximilian Lenz (aus Dissertation Hella Buchner-Kopper).

Nach der Beschlagnahmung der Insel durch die faschistischen italienischen Behörden, wurde dann schnell alles bewegliche Inventar nach Österreich verfrachtet. Meine Urgroßmutter Bertha hatte ebenfalls eine Villa dort besessen, von da waren anscheinend auch die Möbel, die bei uns im Wohnzimmer standen.

Warum die Möbel dann plötzlich nach Österreich zurückgeholt wurden, und die Insel an das damalige Italien fiel, wurde uns nie erklärt.

Eine Tante „Pussy", die noch in Brioni aufgewachsen war, sah ich dann als Kind im Schloss in Lunz, wohin ich immer mit meiner Mutter mitfahren durfte. Sie war sehr klein, und es wunderte mich, dass man ihr einen kindlichen Kosenamen gab.

Später erfuhr ich dann, dass ihre englische Gouvernante in Brioni sie immer als „*Pussycat*" bezeichnet hatte.

Was ging mich aber auch Brioni an, wo wir uns doch nicht einmal einen Urlaub am Meer gönnen konnten.

Immerhin bekam ich aber jetzt ein schönes Schlafzimmer, da mein Vater aus eigenem Holz einen Oberstock auf das Bauernhaus setzen ließ.

Mein Vater musste extra dafür viele Bäume aus seinem Wald schlagen lassen, um auf den Hof eine blockhausartige Etage darauf zu bauen. Dann wurden die anderen Möbel aus Schloss Seehof in Lunz herbeigeschafft.

Da war was los, die vielen Handwerker und Nachbarn, alle mussten anpacken. Dann wurde ein Parkettboden verlegt und wir bekamen ein schönes neues Kinderzimmer mit einem Balkon und vielen eingelegten alten Kleiderkästen und Kommoden. Der Oberstock war wie im Schloss eingerichtet, damit sich meine Mutter darin wohlfühlen konnte, das Erdgeschoss blieb eine gewöhnliche Bauernstube.

Und ab und zu erzählte uns unsere Mutter von ihrer Kindheit, wie sie mit ihren Eltern mit dem

Dampfschiff irgendwann Anfang der 1920-er Jahre über die Adria von Venedig nach Pola fuhr, als sie 6 Jahre alt war, und wie sie dann gleich fürchterlich seekrank wurde.

Ich konnte damit nicht viel anfangen. Und die schönen Möbel waren gar nicht so praktisch. Es gab einen eingelegten Eichentisch in einem ganz eigenen venezianischen Stil mit einer Schublade, wo ich später immer meinen Karl May Indianerroman versteckte, wenn ich vorgab meine Hausaufgaben für das Gymnasium in St. Pölten zu machen, aber die Lade klemmte dann manchmal gerade, wenn der Vater oder die Mutter hereinkamen und ich das Buch hineinschob und mich schnell wieder über die Arbeit beugen wollte....

Meine Mutter war allemal eine *„Bessere"*, im Dorf, mit ihrer hochdeutschen Aussprache, aber sie ging fast nie aus, hatte kaum Freunde und richtete ihre ganze Liebe auf uns Kinder.

Da sie evangelisch war, ging sie auch nicht in die Kirche, und nachher ins Wirtshaus, wie mein Vater, der uns dann manchmal ein *„Kracherl"* spendierte und ein paar Würstel dazu.

Warum die Mutter evangelisch getauft war, obwohl ihr Urgroßvater ein berühmter katholischer Kirchenmaler gewesen war, wurde auch niemandem klar, es war halt so. Sie passte auch überhaupt nicht in das Dorfmilieu, und wurde von manchen bösen Tratschweibern immer wieder angefeindet. Aber warum ?

Dass die katholische Kirche meinem Großvater, einem Enkel des berühmten Nazarener Kirchenmalers Leopold Kupelwieser die Heirat mit einer konfessionslosen moldawischen Jüdin verweigerte, in diesen Zeiten des aufstrebenden Antisemitismus, wo ein Dr. Lueger als christlich sozialer Wiener Bürgermeister sich ganz öffentlich dazu bekannte, hatte mir damals niemand erklärt.

Deshalb hatten sich meine Großeltern gemeinsam zu Protestantismus bekehrt, um überhaupt kirchlich heiraten und ihre Kinder taufen zu können. Das war auch so was mit den Religionen: Ich musste immer wieder meine „Sünden" beichten und wenn ich als Ministrant die Messe verpatzte, bekam ich nachher vom Pfarrer eine weniger „gesunde" Ohrfeige in der Sakristei. Nachher war ich dann so betroffen, dass ich einmal einen Mann, der von der Kirche heimging, mit dem Fahrrad anfuhr, wobei ich ihm die Hose beschädigte und mein Vater mich dann einen Nachmittag lang zur Strafe im stockdunklen Mostkeller einsperrte.

Ja der Bauernhof war ein hartes Pflaster. Dafür richtete es sich die Mutter so gemütlich wie nur möglich in den neu gebauten Zimmern ein, und jeden Sonntag gab es auf den „Brioni Möbeln" im Wohnzimmer Torte mit Kompott und klassische

Musik vom Plattenspieler, ein richtiges Zeremoniell, so wie es auch in ihrer Familie üblich gewesen war.

Dort hing auch ein Ölbild auf dem unserer Urgroßeltern, der Urgroßvater Dr. Carl Kupelwieser und seine Frau Bertha, geborene Wittgenstein, abgebildet waren. Und ein Bild vom Lunzer See mit Blick auf den Hetzkogel. Beide Bilder waren von der Tante Ida, meiner Großtante, gemalt worden. Diese war mit dem Jugendstilmaler Maximilian Lenz verheiratet gewesen. Von diesem Lenz gab es auch ein Bild im Kinderzimmer, einen Blumenstrauß mit Widmung *„Herrn Dr. Carl Kupelwieser in hoher Verehrung gewidmet, Brioni, 30.Oktober 1911."*

Was da so Besonderes an diesem Blumenstrauß war, wo die Blumen ja überall auf den Wiesen in natura zu sehen waren, war mir auch nicht ganz klar.

Meine Mutter stand aber trotzdem, wie alle anderen Bäuerinnen, jeden Tag um halb fünf Uhr früh auf, auch an Sonntagen, um die Kühe zu melken. Da war sie dann vollkommen verwandelt, im blauen Overall mit der Mistgabel, Tiere füttern, ausmisten, melken…, die Milch musste um 6h früh gekühlt an der Straße sein. Manchmal schimpfte sie auch ganz unfein:

„Scheißklumpert, dreckiges, fix sakra" und so weiter, wie eine echte Bäuerin. Mein Vater konnte das

aber noch viel besser, und richtig ordinär, z.B. das rituelle Anrufen der *„heiligen nackerten Huren“*, (die wir fälschlicherweise als eine Art Hornissen betrachteten, die bei uns *„Hurnauser“* hießen, und die die magische Kraft hätten, alle nur erdenklichen Hindernisse aus dem Weg zu räumen, wenn man sie nur genügend laut beschwor).

Dann beschwerte sich die Mutter jedes Mal: *„Bitte Papa, doch nicht vor den Kindern“*, als ob wir nichts über diese magischen Hornissen erfahren dürften?

Meine Winzigkeit mit Vater und Großmutter Polya im „Restgut Kyrnberg“, 1951(Nachlass meiner Mutter)

Dann sagten die Leute, er sei mit den Nerven fertig, das sei erst so schlimm, seit er aus dem Krieg zurück ist. Auch das war mir rätselhaft, schon wieder dieser blöde Krieg?

Was konnten die Viecher dafür, wenn er mit der Mistgabel auf sie eindrosch und wie war das im Krieg, der die Nerven unseres großen starken Papas so kaputtgemacht hatte? Und wo befinden sich überhaupt die „Nerven“, die man nicht sehen kann und die solche Wutanfälle auslösen? Diese Erwachsenen!

Keiner weiß mehr, wie man sich da verhalten soll?

Dann hieß es nur, ganz besonders brav und unscheinbar zu sein, denn dann war jeder noch so kleine Anlass für eine Tracht Prügel gut.

Manchmal schimpfte er mich auch *„Du Wolof, du bist a rechter Wolof!“*. Ich stellte mir das als einen Woll-Affen vor. Nicht gerade ein Kompliment für mich, aber eine interessante gentechnische Kombination. Damals allerdings noch nicht machbar.

Dass mein Vater beim Einmarsch in Frankreich mit den senegalesischen Scharf-Schützen in Kontakt gekommen war, die für die Franzosen an vorderster Front kämpfen mussten, und diese vor allem aus *„Wolof“* bestanden, die im Senegal die größte Volksgruppe bildeten, wusste ich damals natürlich noch nicht. Wenn die Wolof durchkamen, stießen die Franzosen nach. Wenn nicht, blieben sie in den Schützengräben und überließen jene dem Kugelhagel der Deutschen.

Die Deutschen machten sich dementsprechend zynisch über die Afrikaner lustig, und wenn sich jemand besonders ungeschickt verhielt und in sein Verderben lief, hieß es. *„Der is blöd wie a Wolof !“.*

Kriegs-Postkarte „Angriff der Senegalneger“ (Nachlass meines Vaters)

Weil meine Mutter einige Semester studiert hatte, wurden auch wir Kinder ins Gymnasium in St. Pölten eingeschrieben. Auch das verstand ich noch nicht so richtig. Warum mussten wir unbedingt „was Besseres“ werden?

Na ja, die Landwirtschaft war ein harter Job, vor allem seit es keine billigen Arbeitskräfte mehr gab, wie in der Nachkriegszeit. Früher, nach dem Krieg, da kommandierte unser Vater ganze Heere von Taglöhnern aus der Stadt über den Kartoffelacker, da waren auch die Flüche noch irgendwie zweckmäßig, aber dann musste er einen Traktor anschaffen, der nicht so schnell auf solche Beschimpfungen reagierte und auch sonst so seine technischen Tücken hatte.

Der „Judenschädel“

Mein Bruder und ich kamen ins Gymnasium und konnten nun nicht mehr so viel am Hof mithelfen. Das tägliche Pendeln mit dem Schulbus nach St. Pölten hatte meiner Kindheit am „Abenteuerspielplatz Bauernhof“ ein ziemlich jähes Ende gesetzt.

Mit dem einsetzenden Arbeitskräftemangel in der Landwirtschaft wurde die Arbeit immer schwieriger für meine Eltern. Mein Vater hatte sich selber Buchhaltungskenntnisse beigebracht und konnte sich ausrechnen, dass nur mehr große Einheiten in flacheren Gebieten rentabel waren. Darum hieß es: *„ Werd's ma jo kane Bauern!“*

Vor allem war es aber die Mutter, die uns die Mittelschule ermöglichte. Sie durfte von ihrem Anteil am Gut in Lunz monatlich dreitausend Schilling für unsere Ausbildung entnehmen. Die Landwirtschaft allein hätte unser Studium nicht finanzieren können.

Jetzt gab es noch viel mehr Hausaufgaben, und kaum mehr Zeit im Wald und auf den Wiesen herumzustreifen. Und im Gymnasium war ich der einzige Bauernbub. Ich war für mein Alter sehr groß, aber etwas linkisch und oft gedankenverloren.

Einige Lehrer waren nett. Andere fürchterlich fad, andere erzählten dauernd vom Krieg, und erklärten uns lang und breit, dass die Heimkehr aus Norwegen keine Flucht, sondern ein geordneter Rückzug gewesen sei, und es nicht stimme, was man in der Zeitung darüber lese, und dass ein starker Mann als „Führer" eines Landes manchmal nicht so schlecht wäre, und so weiter…

Das alles berührte mich wenig. Aber warum sekkierten mich einige meiner Mitschüler, indem sie mir nachliefen und dauernd *„Jud, Ju-uu-uud"* schrien? Sie pirschten sich von hinten an, schippten mir immer mit den Zeigefingern auf die Ohren und waren weg, wenn ich mich umdrehte. Warum mobbte man immer nur mich? Warum nannte man mich so?

Ich war nicht gerade ein Schönling mit meiner langen gebogenen Nase und meinem fliehenden Kinn. Auch hatte ich noch nie einen Juden gesehen, geschweige denn jene bösen Karikaturen aus der Nazizeit darüber. Und über meine Abstammung wusste ich absolut nichts.

Dass das Schicksal unserer Familie damals an einem ganz dünnen Faden hing und es im ganzen Bezirk St. Pölten bekannt war, und dass manche Vorurteile der pubertären 12-jährigen Schulkollegen aus diskriminierenden Bemerkungen von zuhause stammten – und in dem Alter natürlich noch vollkommen unkritisch und unschuldig aufgeschnappt und nachgeplappert wurden – das konnte ich nicht wissen.

Einer meiner Mitschüler sollte später ein begnadeter Karikaturist werden, der wie kein anderer in seinen Karikaturen die „österreichische Seele“ abbildete, und mit dem ich mich später in der 68-er Zeit wieder ganz gut verstand.

Sein Vater hatte damals eine Tabak-Trafik in St. Pölten, er war stark kriegsversehrt, begrüßte aber noch nach dem Krieg mit seiner einzigen übriggebliebenen Hand die Kunden mit dem Hitlergruß.

Ein anderer Schulkollege von damals ist jetzt Leiter eines zertifizierten Off-Road Tourismusunternehmens auf den Kapverdischen Inseln vor Afrika.

Er hat mir vor kurzem gestanden, dass er aus einer kommunistischen Familie stammte und ein Onkel von ihm sogar an einem Hitler Attentat beteiligt war. Deshalb wusste er über die Judenverfolgungen Bescheid, er wollte mir helfen, war aber etwas schmächtig und traute sich deshalb nicht. Er hatte sich jahrelang Vorwürfe darüber gemacht. Er war ganz überrascht, dass ich keinen dauernden psychischen Schaden davongetragen hatte.

Jedes Mal, wenn die Schlingel wieder auf mich losgegangen waren, ging er nachher zu unserer Zeichenlehrerin, die ein großes Herz hatte und gestand ihr unter Tränen, dass er mich ja gerne verteidigt hätte, sich aber nicht traute.

Die meisten Mitschüler wussten aber absolut nichts von den Gräueltaten der Nazis, es wurde ja nichts darüber unterrichtet.

Auch in unserer Familie wurde nie darüber geredet. Ich trage auch heute keinem meiner Mitschüler irgendetwas nach deswegen.

Am ehesten noch dem Lehrkörper. Die Lehrer waren zwar in den Pausen nicht anwesend, ob sie irgendetwas von dem Geplärre mitbekommen haben und ob sie in diesem Fall den Mut gehabt hätten, einzuschreiten und die Schüler darüber aufzuklären, was sie da für einen Unfug trieben, weiß ich nicht. Neben der Zeichenlehrerin war auch unser Klassenvorstand eher links und pazifistisch. Aber man nahm den „harmlosen“ Unfug der Schüler einfach nicht ernst.

Ich hätte es ihnen jedenfalls gedankt, wenn jemand eingeschritten wäre. Aber es geschah nichts! Später noch, als ich schon studierte und Kreisky gerade die konservative Alleinregierung unter Josef Klaus abgelöst hatte, schimpfte eine Verwandte meines Vaters aus St. Pölten über jenen: *„So a schiacha Judenschädel! Der Doktor Klaus wär doch a schöner Mann g'wesn“!*

Ich wunderte mich über diese Ausdrucksweise. Haben die Juden denn einen eigenen Körperbau?

Eine eigene Physiognomie? Aber ich kannte sie ja nur mehr vom Hörensagen.

Das St. Pölten, in dem ich aufgewachsen war, war ja schon seit 2 Jahrzehnten *„judenfrei"*.

Manchmal nannte man mich in der Mittelschule auch nur *„Bauern Bleampel"*.

Das konnte ich ja noch verstehen. Nach dem Krieg waren die Bauern die Herrscher gewesen. Die Leute aus der Stadt mussten als Taglöhner gegen Naturalien Erdäpfel klauben, die Bauern waren relativ reich und mächtig.

Jetzt wo die Industrien wieder rauchten und dampften, dass es in der Stadt nur so stank, rächten sich die Städter, in dem sie alles verachteten, was vom Lande kam. Aber wenn einige meiner Mitschüler dann einen Kreis um mich bildeten und sangen:

> *„In Dachau steht a Judenhaus, da pfeift der Jud beim Schornstein raus, … oans, zwoa, g'suffa…."*,

was hatte das denn jetzt mit mir zu tun??

Einmal beklagte ich mich bei meinen Eltern darüber, dass man mich immer so sekkieren würde. Ich sollte mir nicht alles gefallen lassen, hieß es dann. Das mit dem *„Ju-ud"* hatte ich gar nicht erwähnt, für mich war das ohne Bedeutung, ich wollte nur meine Ruhe haben.

Erst in der letzten Klasse Mittelschule zeigte man uns dann einen Film über die Nazi Verbrechen und die ausgehungerten Leichen in den KZ's. Es wurde hastig ein 16 mm Filmprojektor aufgestellt und der kurze Film wurde ohne irgendeinen Kommentar vorgespielt. Dann wurde schnell wieder alles weggeräumt, und wir hatten Pause.

Die erschütternden Bilder hatten für uns wenig Bezug zu unserem Leben. Dass es in St. Pölten eine florierende jüdische Gemeinde gegeben hatte, von der nur mehr ganz wenige Einwohner überlebt haben, erwähnte man nicht. Geschweige denn das Schicksal einzelner betroffener Familien.

Erst Jahre später sah ich sie, die gläubigen, bärtigen Juden, auf den Flughäfen in Frankfurt, Brüssel oder Paris, wenn ich nach Afrika unterwegs war. In ihren schwarzen Kleidern und mit ihren Zylinderhüten machten sie auf mich einen etwas altmodischen, aber auch würdevollen Eindruck.

Dass sie früher auch in österreichischen Städten ein Teil unserer multikulturellen Stadtbilder waren, hatte uns niemand erzählt.

In den Sommerferien musste ich am Bauernhof mithelfen. Andere Mitschüler fuhren mit den Eltern im „Goggomobil" nach Caorle oder Bibione, wenn sie nicht mit einer Autopanne am Brenner hängen blieben. Unsere Familie konnte nie gemeinsam auf Urlaub fahren, weil immer jemand für die Kühe sorgen musste.

Dafür durften wir manchmal einige Tage mit der Mutter nach Lunz in die Berge und an den See.

Almwanderungen

Meine Mutter liebte das Gebirge über alles. Als Jugendliche war sie mit ihren Freunden vom „Wandervogel“ bis nach Südtirol und Bayern geradelt.

Dabei hatten sie in ihrem jugendlichen Übermut auch einmal einen Abstecher zum Hitler Berghof in Berchtesgarden gemacht, wo sie über den Zaun kletterten und dabei von den SS Bewachern fast erschossen worden wären.

Meine Mutter (rechts) mit der Mädchengruppe ihrer Landwirtschaftsschule zu Besuch am Berghof. (Nachlass meiner Mutter)

Ein Jahr später, nach der Okkupation fuhr sie dann mit einer von der Landwirtschaftsschule Grabnerhof organisierten Reise wieder hin und die Mädchen ließen sich im Dirndl mit dem Führer fotografieren

„So blöd, wie wir damals waren“, sagte sie. Und als sie dann ihrer Mutter geschrieben hatte, sie hätte Hitler sogar die Hand geschüttelt, hatte diese lakonisch geantwortet:

„Jetzt darfst Du Dir aber die Hand nicht mehr waschen ...!“

„Na ja, das waren Jugendtorheiten eben“ sagte sie, und: *„Wir wussten ja damals nicht, was da alles noch auf uns zukommen sollte“. Wir wussten auch nichts*

von den KZ's und den Deportationen, wir waren ja erst 18 oder 19 Jahre alt."

Aber die Wanderlust, die war ihr das ganze Leben lang geblieben. Und das Gut in Lunz, das auch ihr damals noch zu einem Sechstel gehörte, lud geradezu zum Wandern ein.

Urgroßvater Rechtsanwalt Dr. Carl Kupelwieser, Großtante Paula, Großvater Hans, Urgroßmutter Bertha. geb. Wittgenstein und Großtante Ida (v. l. n. r.)

In den beiden Gütern wurden Musterbetriebe geschaffen. Die Landwirtschaft blühte, es gab eine Käserei in Kyrnberg, wo der erste österreichische Gervais erzeugt wurde, und auch auf der „Pauschenalm" am Fuße des Dürrensteins wurde eine Käserei mit Dampfantrieb aufgebaut. Auf einer Studienreise nach Frankreich waren in einer Molkerei die Bakterienkulturen von der Wand abgeschabt und nach Kyrnberg gebracht worden.

Der Käse wurde 1896 als „Gervaiskäse“ patentiert und in zwei Sorten: „Feinste Kyrnberger Creme“ und „Kyrnberger Gervais Käse“ vermarktet.

Kyrnberger Gervais Käse, patentiert auf meine Großeltern. Das Patent wollte sich dann der Gauleiter sichern. (Festschrift: 75 Jahre landw. Fachschule Pyhra)

Später bei meinen Recherchen stieß ich dann im Landesarchiv auf einen Brief des Gauleiters von Ende 1942 an das Reichspatentamt in Berlin, wo er sich diese Patente auf seinen Namen für die Zeit nach dem Krieg eintragen lassen wollte. Darüber später noch mehr.

Im ersten Weltkrieg hatte man noch im Gut Seehof-Hirschtal in Lunz mit italienischen Kriegsgefangenen den so genannten „Reitsteig“ auf die Alm gebaut, ganz im Stil der italienischen Bergpfade, die Steine so geschickt verlegt, dass man ohne Mörtel als Bindemittel auskam.

Ein großes zweistöckiges Jagdhaus, das „Gamseck“ konnte so gleich hinter der Alm errichtet werden, mit einer Aussicht bis in die Mariazeller Alpen. Dort gab es große, holzvertäfelte Schlafzimmer, eine gut eingerichtete Küche, einen Kachelofen und so genannte „Kotzen“, ganz schwere Loden-Decken um sich im Winter gegen die Kälte zu schützen.

Diese Alm war das Ziel unserer Wanderungen. Der Anstieg über den „Reitsteig“ schleppte sich zwar für unsere jungen Füße, aber dafür gab's dann Tee, Würstelsuppe und Brötchen mit herrlichem Leberaufstrich aus Konservendosen. Es gab auch ein Transistorradio, wo man Volksmusiksendungen hören konnte, und meine Mutter sang und jodelte dazu und wir Kinder blödelten um die Wette.

Meine Mutter (links) und ihre Geschwister am „Gamseck". (Nachlass meiner Mutter)

Ins Hüttenbuch wurden dann eigene Gedichte hineingeschrieben und unsere Wanderungen aufgezählt:

„Wieder nur ein Zwischenhoch, auf dem Dürrenstein war'n wir doch."

Es war Tradition, sich jedes Mal einzutragen, wenn möglich mit etwas selber Gedichteten!

Das Jagdhaus „Gamseck". (Nachlass meiner Mutter)

In diesem Hüttenbuch waren auch Eintragungen von Militärs aus dem Krieg, die hier gewohnt hatten. *„Ja, ja"*, sagte die Mutter, *" die haben hier Motoren für Russland und Norwegen getestet"*.

Hinter der Pauschenalm liege nämlich der Kältepol Mitteleuropas, die „G'stettneralm" mit dem „Grünloch" einer riesigen Doline, in der sich im Winter die kalte Luft sammelt und nicht abfließen kann. Im Sommer fließt das Wasser dort unterirdisch ab, durch den Karst.

Dort standen damals auch noch alte verfallene Baracken. Minus 53 Grad seien dort schon gemessen worden. Da hätte der Hitler gesagt, hier müsste man die Motoren für den Nordpol testen, dann würden sie auch in Russland nicht einfrieren.

Kältepol Grünloch mit Messstation

(Vortrag Leichtfried, Biolog. Station Lunz)

Das Militär hatte in aller Eile 1943 auf dem Gelände der Familien Kupelwieser, Mathes und Lenz am „Kältepol" in der Näher dieser Doline, des Grünlochs, auf 1500 Meter Seehöhe alle Almhütten beschlagnahmt, Baracken und eine Militärküche errichtet, eine ganze Kompanie Soldaten stationiert und einen geheimen Truppenübungsplatz und eine Kraftfahr-Versuchsstelle zum Testen von Panzermotoren und Motorölen für den Russlandfeldzug eingerichtet.

Temperaturmessung im Winter 1932

(Vortrag. Leichtfried, Biolog. Station Lunz)

Und eine „Seilbahnstation" gab es auch, gleich hinterm Gamseck. Es war nur eine Materialseilbahn gewesen, aber manchmal wagten sich auch einige mutige Holzknechte auf der hölzernen Plattform in die schwindlige Höhe.

Als Kind hatte ich sie noch gesehen und war immer sehr beeindruckt, bevor sie dann in den 1950-er Jahren endgültig stillgelegt wurde.

Mit solchen Kettenkrad-Fahrzeugen wurde die Alm für die Militärs erschlossen

(http://www.wikiwand.com/it/Sd.Kfz._2_kleines_Kettenkrad, creative commons license)

Da den Nazis sehr daran gelegen war, diesen Ort geheim zu halten, beschlagnahmten sie das Gut der Familie in Lunz nicht als Ganzes, sondern operierten in den Bergen unter dem Schutz eines nach außen hin normal scheinenden Forstbetriebes, der nach dem Tod meines Großvaters 1939 und dem Rückzug meiner Großmutter in ihre Privaträume de facto vom Leiter der Biologischen Station Professor Dr. Ruttner zusammen mit dem Forstmeister Hohenwarter geleitet wurde. Beide hatten äußert gute Kontakte zu den NS Behörden.

Durch diese möglicherweise kriegswichtige Rolle konnte der Professor es sich anscheinend leisten, mit viel Zivilcourage eine Jüdin und ihre Kinder zu beschützen.

Das war wahrscheinlich auch folgender geographischen Situation zu verdanken:

Das Gut Seehof-Hirschtal liegt hinter dem Schloss Seehof und ist nur über eine Forststraße zugänglich, es ist durch das Dürrenstein-Massiv gegen Süden vollkommen abgeschirmt.

Auf diesem geheimen Truppenübungsplatz waren tausende Militärs und die Hitlerjugend in Almhütten, Baracken und beschlagnahmten Häusern einquartiert.

Vielleicht hatte die GESTAPO keinen Zutritt, oder man konnte oder wollte in diese Domäne des Militärs nicht eingreifen?

Dann gab es auch noch den „Heeres-Fohlen Hof" in Lehen an der Straße nach Göstling, wo die jungen Militärpferde aufgezogen wurden. Auch dieses Gelände gehörte damals noch zum Gut Seehof. Da die sehr stark militarisierte Alm nur über einen „Reitsteig" zugänglich war waren die Pferde sowie die Kettenkrad-Fahrzeuge hier besonders wichtig. Versorgt wurden die Tiere vom Gut meiner in ständiger Bedrohung lebenden Großmutter.

Mein damals 22-jähriger Onkel (links) im Arbeitsdienst mit dem Forstmeister und Wehrmachts-Offizieren am beschlagnahmten „Heeres-Fohlenhof" in Lunz-Lehen. (Nachlass meiner Mutter)

Die Seilbahn wurde aber Ende der 50-er Jahre wieder abgebaut, denn für die Holzbringung war sie ungeeignet. Es gab ja nur eine kleine Plattform, gerade groß genug um einen Panzermotor hinaufzubringen.

„Jaja", sagte meine Mutter, *„das war eine schlimme Zeit. Zu Kriegsende kam es sogar zu Kämpfen auf der Alm, und hinterm Gamseck hat man jemanden erschossen…"*.

Damals war ich etwa 12 Jahre alt. Ich stellte mir vor, wie da ein Toter vor der Hütte lag?

Die Mutter wollte nichts Näheres dazu sagen.

Und wieder fragte ich mich: Wie ist das, wenn man tot ist? Spürt man dann überhaupt nichts mehr?

Erst viele Jahre später erfuhr ich von ehemaligen Senner, was damals passiert war, so wie er es vom seinem Vorgänger gehört hatte: Die Militärs hatten sich zum Spaß Mädchen aus Lunz kommen lassen, eines davon war die Freundin des Hüttenkochs. Es gab eine Eifersuchtsszene, dann erschoss ein Militär den Koch, und ließ die Leiche vor der Hütte liegen.

Es kam aber auch noch kurz vor Kriegsende zur Verfolgung von Deserteuren. Einer wurde weiter unten am Obersee gestellt, zwei andere wurden in Lehen auf der Flucht gefangen und hingerichtet. Vorher mussten sie noch ihr eigenes Grab schaufeln, wie ein Zeitzeuge erzählte. Außer während unserer Wanderungen mit der Mutter wurde später darüber nie wieder gesprochen.

Die immer noch so bezeichnete „Seilbahnstation“, die frühere Bergstation der Materialseilbahn, war 200 Meter vom „Gamseck“ entfernt. Dort war der ideale Aussichtsplatz ins wunderschöne Hirschtal, wo sich ganze Scharen von Gämsen tummelten.

Und wir waren immer und überall unterwegs, um die Alm und den hohen Dürrenstein zu bezwingen.

Dann hatte man nachher einen ziemlichen Muskelkater, und nach dem Abstieg konnte man auch noch im Lunzer See baden. Und so vergaß ich all die Geschichten zum Teil wieder, genauso wie die vom bösen Gauleiter, der meiner Mutter ein großes Landgut weggenommen hatte, zumindest für die nächsten 40 Jahre …

Der Achtundsechziger

Dann kam die Zeit des Studiums. Maturajahrgang 68. Das sagt schon fast alles! Als im Mai in Paris schon die Autos brannten und viele Reporter davon im Fernsehen *„live"* ganz aufgeregt berichteten, mussten wir noch für die Prüfungen büffeln. Dann gab es eine Maturareise nach Jugoslawien, und danach ging's nach Wien zum inskribieren.

Kaum in Wien angekommen, waren wir schon mitten drin in den Großdemonstrationen. Nicht viel Ahnung, wer und was da alles mitmarschierte. Aber besorgt um die Welt, die täglichen Nachrichten aus Vietnam, die Hungerkatastrophen in Afrika usw.

Und das Gefühl, dass das Studium an den wirklichen Problemen der Welt irgendwie vorbeizielt.

Zuerst waren wir Pazifisten, Anhänger von Mahatma Gandhi oder kritische, linke Christen.

Aber die „revolutionäre" Ungeduld wurde bald zu groß, und die faschistischen Diktaturen in Südamerika, die Unterdrückung der Bauern und Landarbeiter in der 3. Welt und das große Ausmaß des Elends machten uns zu Sympathisanten gewaltsamer Revolutionen, zumindest als „äußerstes erlaubtes" Mittel.

Als aber dann einige der Demonstranten einer linken Splittergruppe mit Sakkos zur Demo kamen, in deren Taschen sie Pflastersteine eingesteckt hatten, war es mir dann etwas unheimlich.

Als ich sie fragte „ *seid's ihr deppert?"* antworteten sie nur: „ Mir *san jo kane Pazifisten net"*!

Bei den Demos gingen auch die ersten Feministinnen Gruppen mit. Sie proklamierten *„Die Herrschaft der Schwänze hat ihre Grenze!".* Jede Gruppierung hatte einen eigenen, streng abgegrenzten Demo-Block.

Das war mir alles ein bisschen zu eigenartig. Bei den Kuba-Solidaritätsgruppen fühlte ich mich wohler, das war jedenfalls entspannter, und mit karibischem Flair und Salsa Musik ausgestattet.

Das Konterfei Che Guevaras begleitete alle unsere Demonstrationen. Wir fühlten uns nicht als brave Kommunisten-Apparatschiks, wir wollten mehr:

Sexuelle Freiheit, Selbstverwirklichung, internationale Solidarität, und, und, und….. Die Aufforderung unserer Gegner: *„ geht doch rüber in den Osten, dann werdet ihr sehen, was sie dort mit Euch machen…“*, glitt voll an uns ab. Wir wollten ja einen anderen, viel freieren Sozialismus.

Na ja, wir hatten auch ein mulmiges Gefühl gegenüber dem realen Kommunismus: die Ereignisse in Prag, der Militarismus der DDR, das war nicht nach unserem Geschmack.

Aber man akzeptierte sie halt, als „Verbündete“ im Kampf gegen den Kapitalismus und für eine zukünftige gerechtere Welt, von der wir gar nicht wussten, wie sie konkret ausschauen sollte, aber da war man damals nicht so genau.

Das war eben das Aufregende an der „karibischen, tropischen, Variante des Sozialismus“ in Kuba!

„Das“ Modell für die 3. Welt! Ein Sozialismus mit exotischem Antlitz. Klassenkampf im Salsaschritt, mit Daiquiri, schönen Mulattinnen und Revolutionsromantik.

Im Sommer 1973 hatte ich einen Job bei einem Architekten angenommen, verdiente gerade so viel, um mir die Flugreise von Prag über Kanada nach Havanna bezahlen zu können, und schon war ich mit der ersten studentischen „Solidaritätsbrigade“ auf die Zuckerinsel unterwegs.

Ausgerechnet zur gleichen Zeit erfolgte der Putsch in Chile gegen den demokratisch gewählten linken Präsidenten Salvador Allende.

In Havanna waren bei einer Protestveranstaltung eine Million Menschen auf der Straße. Castro wetterte zehn Stunden lang gegen den konterrevolutionären Staatsstreich und die Amerikaner, die dahinter stünden. Wir konnten uns kaum mehr aufrecht halten in der tropischen Hitze.

„Kampf dem Imperialismus, dem Faschismus, dem Kapitalismus“.

Für uns war das alles eins. Der Faschismus unserer Zeit war überall. Von den USA gestützte Diktaturen, die den Hunger und das Elend der 3. Welt verewigten und Revolutionen blockierten. Die Hitlerzeit war nur mehr Geschichte. Was für die Alten und Ewiggestrigen, die die Aufarbeitung noch lange blockierten.

Die Arbeit in Kuba war weniger heroisch. Herstellen von Betonplatten. Fertigteile für den Bau von Landarbeitersiedlungen. Obsternte in Zitronenplantagen. Aber dann die Nächte mit den Fiestas, den Trommelsolos, dem „*Cuba Libre*“ und den Flirts mit den „*Cha-Cha-Cha*“ - tanzenden Genossinnen !

Darunter waren neben kommunistischen auch sozialistische und linkskatholische Studenten. Einer von den damals noch sozialistischen Studenten, sollte dann später ein sehr kritischer grüner Abgeordneter und begnadeter Skandal-Aufdecker im Parlament werden.

Viele von uns stolzen *„Brigadistas“* wollten natürlich gleich in Kuba bleiben. Wozu auch noch weiter studieren, wenn der Kapitalismus ohnehin bald besiegt sein würde?

„Kommunisten haben wir eigentlich schon genug hier“ hieß es dann. *„Was wir bräuchten, das wären Experten. Und Verständnis für unseren eigenständigen Weg“….. „Geht zurück und erklärt euren Leuten, mit welchen Problemen wir hier kämpfen!“.*

Also gut: wir organisierten Vortragsreisen durch ganz Österreich, mit anschließenden Fiestas.

Wir waren lateinamerikanische „Revolutionsbotschafter“ in einem damals multi-kulturell noch eher verschlafenen Wien, und die internationale Solidaritätsbewegung in Person.

Wir pafften dicke Zigarren aus der kubanischen Botschaft, und der *„Havanna Club“* Rum floss in Strömen.

Im Sommer darauf war ich wieder in Lunz am See. Im Gepäck die Kuba-Dias und Salsa Musikkassetten als Begleitmusik.

In der traditionsreichen, von unserer Familie gegründeten Biologischen Station Lunz war es ein alter Brauch, solche „Weltreisende“, wie mich, zu Vorträgen einzuladen.

Als eifriger Kuba-Solidaritäts-Brigadist im Arbeitseinsatz 1973 (Foto eines Brigade-Kollegen)

Politische Familienstreitigkeiten

Also durfte ich einen Vortrag über Kuba halten, vor alten und jungen Biologen. Auch mein alter Onkel Willy Mathes, der gegen die Okkupation der Nazis mit „nein“ abgestimmt hatte, war dabei.

Man sah sich meine Dias interessiert an, man war höflich, aber doch äußerst skeptisch gegenüber meinem revolutionären, als sehr unwissenschaftlich empfundenen Elan. Aber immerhin, das Gesundheits- und Schulsystem Kubas konnte sich sehen lassen, da war man sich einig. So schien mir mein Vortrag zumindest als ein Teilerfolg, für mich und die „Solidaritätsbewegung".

Nicht so im Schloss meiner Verwandten. Dort zeigte ich dann noch einmal die Dia-Serie. Schöne Fotos von der Arbeit, der Landschaft, und den Großdemonstrationen in Havanna. Mit den vielen Fahnen und politischen Parolen.

Nach einigen Minuten eisigen Schweigens sprang mein Onkel auf:

„Das ist doch ein totalitäres Regime, sowas haben wir alles schon einmal erlebt. Und du bist schließlich einer von uns, ein Kapitalist, du kommst auch ins Arbeitslager, wenn die an die Macht kommen"!

Die Diskussion wurde sehr heftig. In Südamerika, sagte ich, seien andere Verhältnisse, das könnte man nicht vergleichen, es gehe um die Beseitigung der Armut usw. Da müssten aller Opfer bringen…

Mein Onkel, der Bruder meiner Mutter, war der ideale Reibebaum. Er diskutierte leidenschaftlich gerne und heftig.

Meine Mutter wurde bei politischen Diskussionen immer leicht hysterisch und blockte bald ab, aber mein Onkel ließ einfach nicht locker. Er gab sich nicht schnell geschlagen. *„Ein totalitäres Regime ist ein totalitäres Regime“* schrie er. Und dann:

„Wir haben das doch alles schon erlebt: wenn wir damals dem Gauleiter nicht den halben Grundbesitz geschenkt hätten, dann säßen wir heute nicht hier, dann wären wir alle im KZ gelandet!“

Eine Sekunde lang war ich baff. Was war da gewesen? Was hatte das mit Kuba zu tun?

Auf meine Frage, welches Geschenk das gewesen sein mag, sagte mein Onkel nur ganz kurz hüstelnd: *„na ja, hm-hm....Kyrnberg“,* um dann aber sofort wieder gegen die kommunistischen Diktaturen loszuwettern.

Aber mir ging's damals um meinen quasi „missionarischen“ Auftrag für die Beseitigung der Armut in der 3. Welt, und um dazu den „Imperialismus“ zu bekämpfen, der diese verursachte, und mein geliebtes Kuba schien mir das Modell dafür schlechthin!

Was soll's, „Grundgeschenke“ an die Nazis hin oder her, ich war ja nur ein Student und Bauernsohn und kein Kapitalist und meine Aufgabe war es, die Solidaritätsbewegung zu verteidigen. Und so suchte ich gleich wieder nach Argumenten für Kuba, dass die demokratische Wende in Chile gescheitert sei, dass eine Revolution manchmal notwendig wäre, dass nur eine Bodenreform das Elend beseitigen kann usw.

Der Gauleiter mit seiner Art von rassenpolitischer Enteignung in der Nazizeit war für mich kein Thema mehr. Aber diesmal blieb trotzdem was hängen in meinem Gedächtnis.

War die Familie wirklich bedroht gewesen? Immerhin hatten sie ja noch das Schloss, den Wald, die Almen und die Seen!

Und das Gut Kyrnberg bei uns in Pyhra sei ja schon in der Wirtschaftskrise verkauft worden, wegen finanzieller Schwierigkeiten, so hatte es zumindest immer geheißen.

Das war aber nur die halbe Wahrheit: Ursprünglich besaßen die Familien Mathes und Kupelwieser etwa 500 ha in dieser Gegend. Es war fast der gesamte Grundbesitz des ehemaligen Schloss Wald, etwa 300 ha Wald im Zentrum und 200ha landwirtschaftliche Flächen rundherum.

„Fürst“ Auersperg (wie man ihn bei uns nannte), früher der größte Grundbesitzer in Slowenien in der „Gottschee“, einer deutschsprachigen Enklave im Süden, war nach dem ersten Weltkrieg teilweise enteignet worden. Er verkaufte dann nach und nach seinen restlichen Besitz und erwarb Güter in Argentinien. Er ersteigerte auch das Schloss Wald.

Dieses hatte eine lange Geschichte mit Raubrittern, die die Wälder als Rückzugsgebiet nutzten, wenn sie ihre Ketten über die Donau gespannt und Schiffe ausgeraubt hatten. Schließlich um die Jahrhundertwende ist das Schloss Wald in den Besitz von Baron Friedrich Baratta-Dragon, einem Enkel von Graf Haugwitz, übergangen, der aber wegen seines ausschweifenden Lebenswandels und infolge der Weltwirtschaftskrise in massive Schwierigkeiten gekommen war, so dass das es 1930 versteigert werden musste.

In diesen schwierigen beginnenden 30-er Jahren hatte auch die Familie Kupelwieser fast all ihr Geldvermögen verloren, und so wollte mein Großvater tatsächlich das gesamte Gut Kyrnberg an die Auersperg-Breunner'sche Gutsverwaltung verkaufen. Auersperg interessierte sich aber nur für den Wald, und nicht für die landwirtschaftlichen Flächen.

Somit blieb der Familie Kupelwieser ein 232 ha großer Streubesitz, verteilt auf mehrere Gemeinden, nur der zentrale Wald war verkauft worden.

Die Familie Auersperg flüchtete dann als altösterreichische Patrioten knapp vor dem Einmarsch der deutschen Truppen noch schnell über die Schweiz nach Argentinien.

Mein Großvater hatte nach Ende seiner Lehr- und Forschungstätigkeit in München die Verwaltung beider Güter übernommen. Ein korrupter Verwalter hatte Kyrnberg schwer geschädigt.

Neu geborene Kälber waren jedes Mal als „verendet“ verbucht, und unter der Hand weiterverkauft worden, die Bücher waren vollkommen in Unordnung.

Ende der 1920-er Jahre, als der Betrug aufkam, bestellte sich dieser noch ein Viertel Glas Wein im Gasthaus, dann verabschiedete er sich von allen und erschoss sich am nahegelegenen Bach.

Die Bewirtschaftung großer Güter war aber auch in den 1930-er Jahren noch extrem schwierig. Das Gut Kyrnberg war zu dieser Zeit etwa 20% mit Hypotheken belastet, das Gut Seehof-Hirschtal in Lunz mit etwa 50%. Ersteres war eher landwirtschaftlich, zweites forstwirtschaftlich von Bedeutung, wobei aber der Wald hier auf steilen Berghängen die Bringung nicht gerade leicht machte.

Mit dem Verkauf von ganz Kyrnberg an den Grafen Auersperg wäre Lunz sicher schuldenfrei geworden. Aber es sollte eben anders kommen.

Obwohl ich also ein sehr kritischer und politisch engagierter Student war, durchschaute ich diese ganzen komplizierten Zusammenhänge damals überhaupt noch nicht vollkommen, zumal all diese Geschichten immer nur in Fragmenten, verschämt oder in Form nicht zusammenhängender

Anekdoten nur andeutungsweise weitererzählt worden waren.

An den Wochenenden und in den Ferien lebte ich auf unserem, etwas „besseren" Bauernhof mit Biedermeier Möbeln aus Brioni und Lunz, musste aber dennoch im Stall und auf den Feldern mithelfen und durfte keine schlechten Zeugnisnoten nach Hause bringen, und hielt mich mit politischen Diskussionen zurück.

Der verflossene Reichtum der Familie war vor allem eine wehmütige nostalgische Erinnerung.

Und die Frage der Restitution stellte sich damals auch noch nicht. *„Vorbei ist vorbei"*. Und so schlummerte das Streitgespräch mit meinem Onkel über Diktaturen, den Gauleiter und die Enteignung von Kyrnberg weitere 25 Jahre in mir, nicht ganz vergessen, aber nicht mehr so wichtig......

„....in die weite Welt hinein"

Das Studium ging zu Ende. Mein Engagement für die 3. Welt wurde konkret. Ich wollte jetzt Entwicklungshilfe-Experte werden und wurde es auch bald.

Allerdings zog mich dann Afrika mehr und mehr in seinen Bann. Die sozialistischen Länder hatten wirtschaftlich immer mehr versagt, auch hier. Und Kuba war seit dem Verschwinden der „Bruderländer" zu einem Touristenparadies mit chronischem Versorgungsmangel geworden, (außer für die ausländischen Touristen, denen die Reisekonzerne alles im Flugzeug mitnahmen).

Aber die Welt ist groß und es gab ja noch so viel zu tun: angepasste Technologien zu entwickeln, Selbsthilfe-Bauerngruppen zu unterstützen, die Wüstenbildung zu bekämpfen usw.

Große revolutionäre Träume waren verflogen, die konkrete Arbeit mit den materiell sehr armen, aber emotional reichen Menschen in Afrika verschaffte mir ein Gefühl der Sinnhaftigkeit, obwohl man sich auch manchmal als Sisyphus vorkam.

1977 bekam ich ein Projekt in Kamerun, 1980 ging ich nach Guinea Bissau, dann nach Senegal, Burkina Faso, Kap Verde, Benin, Mali, Mauretanien, Sierra Leone usw., ein Entwicklungshilfe-Projekt ergab das andere.

Jetzt war ich in der 3. Welt bei den Armen und Ausgebeuteten für die ganz konkrete Solidarität unterwegs, mehr oder weniger effizient, (das mögen andere beurteilen).

Und doch, heute weiß man: Der zweite Weltkrieg wirkt auch in der Psyche später geborener Generationen deutlich nach.

Man nennt das „transgenerationelles Trauma“. Es juckt nicht, es kratzt nicht. Bei mir ist es nur so eine stark melancholische Stimmung.

Ab und zu aber auch eine Depression, ohne irgendeinen unmittelbaren Anlass, so, als ob sich der Himmel plötzlich verdunkelt, wie bei einer Sonnenfinsternis.

Und so zog es mich jeden Sommer wieder nach Lunz. Wo sollte ich denn auch im Urlaub sonst wo hinfahren. Sonne und Meer hatte ich genug in Westafrika. Aber unterbewusst suchte ich nach meinen Wurzeln.

Meist nahm ich dann meine betagte Mutter mit. Und nach und nach kam das Gespräch immer wieder auf die Familiengeschichte.

Erzähltes und Verschwiegenes

Die Kupelwieser's seien in Geld geschwommen, erzählte meine Mutter. „*Les nouveaux riches* – die Neureichen“ hätte man sie genannt. Durch Einheiraten in die Familie Wittgenstein und Spekulationen an der Börse seien sie zu Eisenbaronen geworden. Carl Kupelwieser schrieb über seine Schenkungen:

"*.... da ich meine Wohlhabenheit weniger meinen eigenen Verdiensten als gewissen Glücksfällen ...verdanke, fühle ich die Verpflichtung, von meinen Einkünften* *einen entsprechenden Teil für gemeinnützige und Wohltätigkeitszwecke zu verwenden…"*

Aus sozialer Gesinnung und zur Förderung von Wissenschaft und Bildung hatten sie dann eine landwirtschaftliche Schule, ein Spital und eine Reihe wissenschaftlicher Einrichtungen gestiftet. Aber das meiste Geld hätten sie vollkommen *„spinnert"* angelegt, meinte meine Mutter.

Großmutter Polya Gorodetzy als junges Mädchen

(Nachlass meiner Mutter)

Auf der Alm in Lunz hätten sie noch in der Zeit der Monarchie eine Dampfmaschine für eine Wasserpumpe und eine Käserei installiert. Und dieses Schloss in Lunz, ein umgebauter Gutshof sei ein Millionengrab.

Was dessen Erhaltung jedes Jahr kostet! Jeden Winter geht das Dach wieder kaputt, und die meisten großen Räume sind kaum heizbar.

So ein Blödsinn, so eine kleine Belvedere-Nachbildung mitten in die Berge zu stellen, wo im Winter meterhoher Schnee auf dem Dach und den Erkern lastet und alle Wasserleitungen einfrieren!

Und der Forstbetrieb sei so schwer hier in den Kalkalpen. Jedes Jahr reißt es die steilen Forststraßen wieder weg, während die Holzpreise immer mehr verfallen.

Ja, früher war eben noch genug Geld da gewesen. Reich waren sie, so wie der gesamte Wittgenstein Clan.

Aber diese Verwandtschaft war nicht so gut auf die Familie zu sprechen, da mein Großvater eine jüdische Moldawierin geheiratet hatte. Er hatte sie bei seinem Studium in Leipzig kennengelernt und mit ihr gemeinsam dann einen Forschungsaufenthalt im französischen Meeresforschungsinstitut in Villefranche sur Mer absolviert.

„Der da, … mit seiner Russin …!“ sagte man herablassend. Auch meine Großeltern waren nicht sehr an den langweiligen *„small talks“* mit den „wittgenstein'schen Tanten“ interessiert.

Und sie waren, obwohl reiche Unternehmer, sozialdemokratisch eingestellt.

Als das Frauenwahlrecht 1919 eingeführt wurde, soll meine Großmutter gesagt haben, das sei ja schön und recht, aber dann können ja die Wittgenstein´schen Tanten alle hingehen und die würden sicher alle christlich-sozial wählen...

Meine Großeltern mit Sohn am zugefrorenen Lunzersee. (Nachlass meiner Mutter)

Beide seien sie vor allem leidenschaftliche Naturwissenschafter gewesen, aber die Wirtschaftsführung der beiden Güter hätte meinen Opa weniger begeistert. Dann kam die Krise, es war kaum noch Bargeld da, die Aktien waren nichts mehr wert und in Kyrnberg hatte man die Misswirtschaft vollkommen übersehen.

Aber der Großvater sei ein sehr sozialer Mensch gewesen, er wollte in der Weltwirtschafts-Krise niemanden entlassen, obwohl sich kein Holz mehr verkaufen ließ.

Die Großmutter musste ihren Schmuck verkaufen, damit ihre Kinder studieren konnten. Nichts als Sorgen, er wurde zum Kettenraucher und starb dann Anfang 39 an Herzinfarkt.

Dr. Hans Kupelwieser war Dozent an der Uni München, mit Fachgebiet „Seesterne".

Zuerst hatte er eine 2-jährige Forschungs- und Hochzeitsreise nach Berkeley in Kalifornien zu seinem Kollegen Professor Jacques Loeb absolviert.

Dieser hatte sogar seine Seesterne-Kreuzungs-Versuche in einer Gedenkschrift zum 100. Geburtstag Darwins zitiert. Mit Karl von Frisch, einem späterem Nobelpreisträger, verfasste mein Großvater dann 1913 eine berühmte Arbeit über die Lichtreaktion, d.h. das Farbensehen von Daphnien. Das sind einige Millimeter große Krebstiere des Planktons im See, die in Lunz auch *„Wasserflöhe"* genannt werden.

Genetik statt Genesis. Ja, sie waren weltoffene, laizistische, moderne Wissenschafter gewesen.

Dann hatte er die von seinem Vater gestiftete Biologische Forschungsstation in Lunz übernommen.

Die Gründungsmitglieder der Biologischen Station im Schloss Seehof. 2. v. l. oben mein Großvater (Leichtfried Vortrag)

Die Religion brauchte man mehr fürs Zeremonielle. Aber die sehr antisemitische katholische Kirche wollte meinen Großeltern nicht trauen, auch wenn meine Großmutter von ihrem mosaischen Glauben zum Katholizismus konvertiert hätte.

Die Inquisition lässt grüßen, 450 Jahre nach der Vertreibung der Juden aus Spanien!

So wurden sie eben protestantisch. Das „Augsburger Bekenntnis“ war da liberaler.

Von Amerika hatte Hans Kupelwieser Samen für riesengroße Douglas-Tannen nach Pyhra mitgenommen und dort eingepflanzt, dann versuchte er - weit seiner Zeit voraus - aus dem Holz seiner Sägewerke kleine Fertigteilhäuser herzustellen, nur dass niemand das Geld hatte, diese dann auch zu kaufen, und schließlich investierte er das wenige Bargeld, dass er noch hatte, in eine Sojamühle in Wien Schwechat, kaufte Patente zur Soja- Entbitterung, wollte so den Hunger in der Welt beseitigen und gleichzeitig wieder Gewinne erwirtschaften.

Großvater Hans und Schwester Ida Kupelwieser (Nachlass meiner Mutter)

Schließlich wurde er aus dieser seiner leidenschaftlich über Jahre aufgebauten Firma durch die Nazis hinausgedrängt, und musste seinen Anteil unter dem Wert verkaufen,

Später wurde die Sojaproduktion aber dann plötzlich eine Erfolgsstory, was aber dem Gründer und Investor nichts mehr nutzte.

Während meine Mutter und ihre Geschwister in den frühen 30-er Jahren immer die *„grauslichen"* (wie meine Mutter sagte) Soja Produkte kosten mussten, bevor sie auf den Markt kamen, wurden dann Sojabrot und Sojaschnitzel im großen Maßstab zur Versorgung des Heeres produziert.

„Alles war für die Katz, nichts ging! Alles spinnert!" seufzte die Mutter. Zuerst die Wirtschaftskrise, wo keiner Geld hatte, und dann die Nazizeit. Dabei hatten sie immer die besten Ideen, die Kupelwieser's, oder es waren eben doch nur Luftschlösser?

Aber war nicht die ganze Verwandtschaft sehr exaltiert?

So wie die Cousins meines Großvaters, der Philosoph Ludwig und sein Bruder, der Pianist Paul Wittgenstein. Der eine hatte gleich all sein Vermögen hergeschenkt und war nach England ausgewandert, um dort die Logik der Sprache zu definieren.

Meine Mutter hatte dazu keinen Zugang, aber ich gebe zu, dass auch ich ihn heute auch nur ansatzweise verstehe.

Angeblich hatte auch Paul Wittgenstein, der im ersten Weltkrieg die rechte Hand verlor und dann nur mit der linken Hand vielbeachtete Klavierkonzerte gab, nicht gerade viel Verständnis dafür.

Seinem Bruder Ludwig, der ihm den „Tractatus logico-philosophicus“ zum Geburtstag geschenkt hatte, hätte er in brüderlicher Vertrautheit ins Ohr geflüstert: *„...so ein Schmarrn!“*.

Dieser andere Wittgenstein, derPianist, war übrigens der einzige, der den Nazis nicht traute, er war auch mit einer Jüdin verheiratet, und wanderte noch rechtzeitig mit seiner Familie in die USA aus.

Ja, die Zeiten waren hart, auch für die Kupelwieser. Es waren nur noch die vielen Güter da, teilweise mit Hypotheken belastet, aber absolut kein Bargeld.

Aber eine schöne Jugend hatten sie gehabt, meine Mutter und ihre Geschwister. Als Kinder waren sie in einer Wiener Nobelvilla aufgewachsen.

In Lunz waren sie im Winter immer auf der Alm mit den Schieren und Steigfellen, bis rauf zum Dürrenstein, und dann runter durch den Firnschnee auf die G'stettneralm, durch das Kälteloch, hui, wie kalt das oft war da drunten, da ist man schnell wieder herausgefahren, im eleganten Telemark Schwung.

Das Schloss Seehof (Lunz am See) mit Hetzkogel, dahinter befindet sich der Kältepol (Photo H. Geißlhofer)

Im Sommer waren sie mit den benachbarten Ruttner -Kindern von der Biologischen Station mit Rädern und Rucksäcken per Fahrrad unterwegs, übernachtet haben sie in Heustadeln.

„Aber damals war ja noch kein Verkehr sowie heute, heute würde man in den Abgasen ersticken!“.

Ja, die Ruttner's seien immer die besten Freunde der Familie gewesen. Als der Großvater gestorben war, hatte der Professor meiner Großmutter geraten, wegen ihrer Abstammung sofort das Testament zu verbrennen, sonst wären die ganzen Güter gleich einkassiert worden.

„Aha!“

„Und wie war das mit dem Gauleiter und den abgepressten Grundstücken? Das, was mein Onkel damals anlässlich unserer wilden Diskussionen über Kuba und Che Guevara erzählt hatte?“

„Aber was, der soll nicht so was daherreden. Der Gauleiter war einfach ein guter Freund der Familie. Ein angesehener Arzt aus St. Pölten, der diese seit langem kannte. Deinen Großvater hat er einmal an der Lunge operiert. Er hat uns jedenfalls sehr viel geholfen in dieser schwierigen Zeit!“

„Ach so, aber wie denn genau…?“

„Bitte, bitte, bitte, lass jetzt die Vergangenheit, man soll die Geschichte ruhen lassen und nicht immer herum-„stirln“ …Und nimm dich ja in Acht vor den amerikanischen Anwälten. Die ziehen euch das letzte Hemd auch noch aus ….Schluss mit der Debatte jetzt!“

Eines anderen Tages erzählte sie mir aber die Geschichte des Bruders der Großmutter, ihres Onkels Boris Gorodetzky.

Der war, wie die ganze Familie, dem Judenpogrom in Kishinew entkommen und seiner Schwester gefolgt, die damals schon in Leipzig studierte.

1905 war er noch Trauzeuge bei der pompösen Hochzeit meiner Großeltern, davor hatte er meine Großmutter 1901 nach Meran zu einer Lungenkur begleitet. Dann ließ er sich in Berlin nieder. Eigentlich war er Ingenieur, nach den Berufsverboten der Nazis für Juden 1933 schlug er sich als Schneider durch. Er besaß nichts außer einem Klavier, erzählte meine Mutter.

Als die Nazis immer dreister gegen die jüdischen Einwohner vorgingen, versuchte er noch ein Visum für die Ausreise nach Bessarabien (heute Moldawien) zu bekommen.

Ein früherer deutscher Kultusminister aus der Kaiserzeit, Schmitt-Ott schrieb an Prof. Ruttner nach Lunz, dass Boris ihn ganz dringend angerufen hätte, da seine Deportation unmittelbar bevorstand (siehe Kapitel: die Gorodetzkys).

Der Ex-Minister beteuerte nur, dass er gerne geholfen hätte, aber in diesem Falle leider nichts mehr tun kann.

Polya und Boris Gorodetzky 1901 in Meran (Nachlass meiner Mutter).

Bevor Großonkel Boris dann von der GESTAPO verhaftet wurde, sei auch noch meine Mutter schnellstens nach Berlin gefahren, um bei hohen, ihr von Bekannten empfohlenen Militärs zu intervenieren. Sie hatte sich aber nur eine rüde Abfuhr geholt:

„Was wollen Sie denn, ich habe selber zwei Söhne an der Front…“, hätte ihr eine hochgestellte Persönlichkeit geantwortet und die Wohnungstür wieder zugemacht. Anfang 1942 wurde Boris nach RIGA gebracht und dort ermordet.

Soweit reichte also die schützende Hand des Gauleiters und ehemaligen Arztes aus St. Pölten doch wieder nicht.

Zwar hatte er auch den christlich-sozialen Julius Raab (den späteren Bundeskanzler) vor dem KZ bewahrt, weil er, wie ich aus dem Internet erfuhr, eben auch der Hausarzt der Familie Raab in St. Pölten gewesen war. Dieser hatte dann wiederum bewirkt, dass Leopold Figl aus dem KZ Dachau entlassen wurde und in der Baufirma Wohlmeyer-Raab eine Beschäftigung und Schutz vor weiterer Verfolgung fand. Das waren eben die gewissen Verbindlichkeiten innerhalb der „guten" St.Pöltner Gesellschaft...!

Allerdings wurde Figl, der sich weiterhin im Untergrund betätigte, dann 1944 wieder verhaftet, und entkam nur mit viel Glück seiner Hinrichtung 1945. Auch er wurde später Bundeskanzler.

Nachforschungen

Es war, glaube ich, um das Jahr 2000 herum. Die Restitutionsdebatte war gerade angelaufen. Die österreichische Regierung kam durch die vielen amerikanischen Sammelklagen unter Druck.

Ich fragte bei meinen anderen Verwandten nach, ob die was wüssten? *„Wie war denn das mit den Grundstückstransaktionen an den Gauleiter?"*

Aber niemand hatte je was davon gehört.

Dann sprach ich meinen Onkel direkt darauf an, doch auch er verneinte: *„Du hast Dich da verhört, ich hab nie was gesagt von Grundgeschenken an den Gauleiter“.*

Jetzt war ich der Blamierte! Der *„Spinnerte“* offensichtlich, ganz in der Tradition dieser Familie. Spiegelte mir mein Gedächtnis falsche Erinnerungen vor? Hatte ich eine Mischung von Alzheimer und Schizophrenie? Irgendwie beunruhigend!

Ich sah aber noch genau die Diskussion über Kuba und die Vorzüge eines tropischen Sozialismus vor mir, im schönen Wohnzimmer des Onkels, unter einem echten Bild des Ur-Urgroßvaters und Nazarener-Malers Kupelwieser, wie wir in Biedermeier- Möbeln saßen und die Tante immer Kaffee und Mehlspeisen hereingebracht hatte, um auf diese Weise unsere Gemüter wieder zu besänftigen.

Die Kindheitserinnerungen rund um die Diskussionen am Bauernhof zu Kyrnberg und dem Gauleiter hatte ich mittlerweile vergessen, aber so einen wilden innerfamiliären politischen Streit vergisst man doch nicht so schnell.

Ich wollte den Vorwurf, die Familie mit eingebildeten Nazi Geschichten zu sekkieren erst recht nicht auf mir sitzen lassen. Auch wenn es ein Arrangement mit den Nazis gegeben hat, wäre das, weil es ein verbrecherisches Regime war, nicht unehrenhaft, weil es ja um Leben und Tod, also um Notwehr ging.

Von „Protektion“ konnte jedenfalls keine Rede sein, eher von einem Zwangsverkauf, der aber die Bedrohung nur verzögerte, bis sich dann die Verhältnisse immer mehr zuspitzten. Was sollte ich machen, noch dazu, wo ich damals noch in Afrika arbeitete?

Doch dann bekam ich eher zufällig, unerwartete Hilfe.

Über ein Forschungsprojekt gegen die Wüstenbildung in Westafrika lernte ich eine entfernte Cousine 3. Grades aus der Wittgenstein Verwandtschaft kennen.

Sie ist Botanikerin und Soziologin und hatte selber bereits einen Restitutionsantrag über arisierte Aktien aus ihrer Familie ausgefüllt.

Sie stellte mir auch einen jungen Architekten und Journalisten vor, der schon einige Publikationen zu dem Thema veröffentlicht hatte und gerade im Niederösterreichischen Landesarchiv nachforschte.

Eine andere Bekannte forschte für einen Anwalt in Sachen Raubkunst in den Wiener Archiven.

Sie interessierte sich immer schon sehr für die 3. Welt, und war auch schon zweimal bei uns in Dakar zu Besuch gewesen.

Sie kopierte mir Akten aus dem Wiener Stadt- und Landesarchiv.

Ein ehemaliger Schulkollege aus dem St.Pöltner Gymnasium und damals mein Latein Nachhilfelehrer zeigte mir alte Dokumente im Niederösterreichischen Landesarchiv und im Grundbuch am Bezirksgericht.

Ein Enkel des Vormundes meiner Mutter und ihres Bruders, Professor Ruttner, stöberte mit mir in alten verstaubten Unterlagen.

Und auch die Historiker des Landesarchives waren sehr hilfreich und fanden, mühsam aber doch, noch vereinzelte Akten. Allerdings hatte man auch vieles vernichtet.

Und nach und nach kamen ganze Berge von Ordnern zum Vorschein.

Wie mein Großvater die Vermögenserklärung für Juden ausfüllen musste. Wie er dazu gedrängt wurde, seinen Anteil an der Sojafabrik wegen „Betriebsentjudung“ unter dem Wert zu verkaufen.

Gleich danach hatte die IG Farben die Fabrik übernommen und bekam Großaufträge vom Militär zur Versorgung der Truppe.

„Da hast du reingebissen, du glaubst jetzt, gibt's endlich einmal Fleisch, und plötzlich denkst du dir, ja was ist denn das schon wieder für ein Fraß!"

Großvater Dr. Hans Kupelwieser, knapp vor seinem Tod im 59. Lebensjahr (1939), (Nachlass meiner Mutter).

So schilderte mein Vater seine erste Begegnung mit einem Soja-Schnitzel beim Militär, aber nahrhaft waren sie schon, die Sojaprodukte, vor allem das Sojamehl, das dem Brot beigemengt wurde.

Andere Akten bekundeten, wie meine Mutter und ihre Geschwister, zusammen mit den Wittgensteins, nach Großvaters Tod - nur mit Müh und Not, und unter Bezahlung sehr teurer Gebühren - die „Mischlingsnachweise" erhielten.

Wie das Gut Kyrnberg 1939 beschlagnahmt und erst ein Jahr später, 1940 der Familie endgültig abgepresst wurde.

Als Begründung nannte man die Tatsache, dass es sich um eine „Verlassenschaft“ gehandelt hätte, so als ob keiner der Erben mehr leben würde. In Wirklichkeit waren diese aber hektisch damit beschäftigt, ihren „Arier“ Status nachzuweisen. Und solange sie noch nicht als *„Mischlinge“* eingestuft waren, kassierte man ganz einfach die Liegenschaft.

Dann fand ich genauere Erklärungen dazu, aus den diversen Korrespondenzen mit Behörden und dem Rechtsanwalt der Kupelwieser im alten Bienenhaus der Familie Ruttner unter viel Gerümpel.

Man plante zwar, wie aus den Akten vom 12. August 1939 der „Landeshauptmannschaft Niederdonau“ hervorgeht, den „Ankauf“ des Gutes, das aber ohnehin ein Jahr vorher beschlagnahmt worden war, um einen Kaufpreis von 311 860 Reichsmark, also anscheinend preiswert und nur etwa ein Viertel unter dem ursprünglichen Schätzwert.

Dieser „Kaufvertrag“ war nach längeren Verhandlungen mit dem Rechtsanwalt der Familie, Dr. Krenn unter dem Druck der Gauleitung zustande gekommen.

Dabei wurde zwar die Abstammungsfrage nicht offen angesprochen, aber indirekt als Druckmittel verwendet, indem man dem Rechtsanwalt bei den Verkaufsverhandlungen andeutete:

„..dass, wenn auch nur in versteckter Weise, darauf angespielt wurde, dass der Landesregierung eigentlich ein Enteignungsrecht zustehe“.

Sicher war der Gauleiter daran interessiert, das Ganze als normalen Verkauf erscheinen zu lassen, damit er selber, und nicht die Reichsfinanzen, wie bei anderen solchen Fällen, davon profitierte.

Und so wurde im Sommer 1940 ein „Kaufvertrag“ mit allen Mitbesitzern abgeschlossen, aber noch vor dem Einlangen der letzten Unterschrift war das Gut bereits als eigenständiger Wirtschaftsbetrieb des Gaues Niederdonau deklariert!

Anfang 1941 „plante“ man aber eigenartigerweise immer noch den notwendigen „Ankauf“ des Gutes als außerordentliche Ausgabe im Haushaltsplan des Gaues Niederdonau, d.h. der Gau hätte den Kaufpreis aus Eigenmitteln nicht finanzieren können, bewirtschaftete aber dennoch das Gut schon seit zwei Jahren.

Da saß ich nun und brütete über die verstreuten, spärlichen und unzusammenhängenden Akten bis einem der Schädel brummte, und dann fragte man sich ständig: *„Bin ich blöd oder stimmt da was nicht?“*

„Alles Lumpen und Falloten, verschissene Nazi-Saubagage“, so würde mein Vater fluchen.

Meine „halbjüdische“ Mutter (2.v-links) bei der Pflege völkischen Liedgutes in Admont.(Nachlass meiner Mutter).

In der Zwischenzeit hatten zwar meine Mutter und ihre Geschwister durch diverse Interventionen ihren „Mischlings“ Status erworben (was nach den Rassengesetzen eine Grundvoraussetzung für das Antreten der Erbschaft und den Verkauf war).

Andererseits hatte aber das Finanzamt der Familie gegenüber Ende 1939 die Forderung nach einer „Sühneabgabe“ erneuert und eine Sicherstellung bezüglich einer möglicherweise anfallenden „Reichsfluchtsteuer“ dem Rechtsanwalt Krenn gegenüber verlangt. Dr. Krenn, der Rechtsanwalt der Familie schreibt am 18.11.1939 an Professor Ruttner:

„..dass nach der Auffassung des Finanzamtes kaum vermieden werden kann, dass seinerzeit das Vermögensverzeichnis einschließlich der Erbteile der Minderjährigen vorgelegt werden muss, und wohl auch eine Sicherstellung, vermutlich durch Eintragung eines Pfandrechtes, vorgenommen werden wird.

Das Reichsfluchtsteuergesetz hat ja eigentlich mit der Rassezugehörigkeit nichts zu tun, in der Praxis wird aber nur der Jude als fluchtverdächtig angesehen."

Tatsächlich gab es hier eine Doppel-Gleisigkeit: Einerseits hoffte man auf eine Entscheidung auf Grund der vorgelegten Dokumente, gleichzeitig bemühte man sich um eine weitere vollständige „Arisierung" durch das Einschicken von Frontal- und Profil-Fotos an zweifelhafte Wissenschaftler, die sich aber lieber mit mörderischen Experimenten an Gefangenen beschäftigten.

Durch die Verschlechterung des Status der „jüdischen Mischlinge" nach der Wannsee Konferenz Anfang 1942, in der sie generell den Juden gleichgestellt wurden, war dieser „Ankauf" des Gutes rückwirkend ohnehin obsolet geworden, Kaufvertrag hin oder her!

„In den Protokollen dieser berüchtigten Konferenz hieß es ja:

„Behandlung der Mischlinge 1. Grades: Mischlinge 1. Grades sind im Hinblick auf die Endlösung der Judenfrage den Juden gleichgestellt.“ (Wannsee Konferenz Protokolle, 20.1.1942)

Die zunehmende Bedrohung der Familien Kupelwieser sowie Mathes und das Damoklesschwert der Sicherstellungen großer Anteile des Vermögens durch die Steuerbehörden verhinderten somit jegliche Auszahlung des Kaufpreises, sollte eine solche überhaupt jemals beabsichtigt gewesen sein, und wenn, dann nur für die einigermaßen „arischen“ Mitbesitzer, wie sich später herausstellte.

Einzig und allein die Tilgung der auf dem Gut lastenden Hypotheken von 48 265 RM (20% des Wertes) kam den betroffenen Familien zugute.

Sicher ist, dass die Milch- und Fleischrinder, Schweine, Hühner, Getreidefelder und Wälder in einem nun direkt dem Gauleiter unterstellten Betrieb den Nazi Bonzen den ganzen Krieg hindurch als wichtige Versorgungsquelle dienten.

Auch hatte er sich das Jagdrecht und die Käsepatente sichern lassen.

Und auch eine schöne Frau war dabei, die 25-jährige Freundin des Gauleiters und Opernsängerin Elisabeth Schwarzkopf, ja das war für den 55-jährigen Gauleiter sicher erregend, wenn sie ihm auf der Pirsch im Kyrnberger Wald ihre Wagner Arien ins Ohr flüsterte

Darüber hinaus befand sich im nahegelegenen „Probstwald" ein von den Nazis enteignetes Kirchengut, in dem ein riesiges Munitionslager errichtet worden war, das durch die Stationierung von SS Verbänden in Kyrnberg gesichert wurde.

Als Ende April 1945 die SS Kyrnberg fluchtartig verließ, sprengten sie noch schnell dieses Munitionslager. Neben dem Haus meines Vaters in Auern stand ein kleines Haus, unser Nachbar lebte dort, ein einfacher Waldarbeiter bei Auersperg.

Ein Geschoss flog zwei Kilometer weit und setzte seinen Dachstuhl in Brand.

Heute weiß man jedenfalls, dass die Rassengesetze nicht nur den Holocaust vorbereiteten, sondern auch riesengroße Gaunereien förderten, was einen richtiggehenden Wettlauf um jüdische Güter und Betriebe hervorbrachte.

Warum sollte man diesen „Mischlingen" mit ihrer jüdischen Mutter und ihrem antifaschistischen Cousin und Mitbesitzer Willy Mathes entgegenkommen, in einer Zeit, wo sich nachweisbar ihr Status immer mehr verschlechterte?

Ich saß tage- und nächtelang über den Akten. Gibt es überhaupt einen „eindeutigen Beweis" für die Enteignung? Genügen nicht auch alle diese Indizien? Was war wirklich geschehen? Wie kann man das nach 70 Jahren überhaupt noch genauestens rekonstruieren?

Innerlich fluche ich, wie mein Vater, wenn er in seinem Hof herumschreit:

„Leckt´s mich doch alle, ihr Gauner und Verbrecher, Hurenböcke, Rotzpipp´n elendige...“

Das erleichtert ein wenig, wenn es auch nicht wirklich hilft.

Immer mehr rauchte mein Kopf und ich tauchte ab in die schaurige Nazizeit, fast wie in einer Zeitreise.

Aber dann gab es wieder einige Durchblicke: über die Rolle Prof. Ruttners wurde mir einiges klarer: Wie er seine Kontakte zur Kaiser-Wilhelm Gesellschaft intensivierte, als er die Biologische Station Lunz übernommen hatte, weil die Kupelwieser Familie diese nicht mehr sponsern konnte.

Ruttner war auf diese Weise äußerst gut im „Reich“ vernetzt. Schon vor der Okkupation durch die Nazis nahm er 1928/29 mit den Professoren Feuerborn und Thienemann an der deutschen Limnologischen Sunda-Java Expedition nach Indonesien teil, wo erstmals tropische Seen studiert, und große Mengen von Material in die Station gebracht wurden.

Deutsche limnologische Expedition, Java 1928

(Vortrag Leichtfried, Biologische Station Lunz).

Und so avancierte er nach dem Anschluss zum Blockleiter der NSDAP in Lunz am See, und intervenierte in dieser Funktion beim Gauleiter und beim Stellvertreter des Führers Hess zugunsten unserer Familie:

„... damit ihnen aus ihrer Abstammung keine Nachteile erwachsen!“

Er war auch Vormund meines damals noch minderjährigen Onkels und hatte als solcher alle Grundstückstransaktionen mit dem Gauleiter geregelt. Die abstrusen Rassengesetze mit der Definition von Mischlingen verschiedenen Grades sollten im Zweifelsfall mit „anthropologischen Gutachten“ ergänzt werden.

Die eingeforderten *„un-retuschierten Fotos“* frontal, schräg frontal und im Profil, wie bei der Suche von Verbrechern, und daraus gewonnene „Körpervermessungen“ (Nasen, Ohren, Kinn usw.) sollten dazu herangezogen werden.

Dieselben verbrecherischen „Wissenschaftler“, die in den KZ's und Behindertenheimen ihre sadistischen Experimente durchführten, schoben aber trotz Interventionen ihrer Kollegen für die Familie solche „anthropologischen“ Untersuchungen vorerst auf die lange Bank. Sie hätten ja auch sonst eine Lawine von Anträgen bearbeiten müssen, sozusagen Nasenvermessung am Fließband.

Profilfoto zur „Vermessung“, alias: „anthropologische“ Begutachtung eingeschickt. (Nachlass meiner Mutter).

Es hätte einen unvorstellbaren Andrang für solche Gutachten geführt, wenn man dadurch sein Leben hätte retten können.

Für Professor Ruttner, der sich vor allem mit Seen-Ökologie und „Wasserflöhen" beschäftigte, aber über seine Direktorenstelle Zugang zu diesen „wissenschaftlichen" Kollegen hatte, schien es aber eine letzte Möglichkeit, seine Schützlinge zu retten.

Limnologische Forschungen am Lunzer Obersee (Vortrag Leichtfried, Biologische Station Lunz).

Ob er aber auch wusste, mit welchen abstrusen Untersuchungskriterien dabei vorgegangen wurde? Die Erfassung sogenannter jüdischer Rassenmerkmale" durch die Berliner Polyklinik für Erb-

und Rassenpflege verwendete einen Untersuchungsbogen mit Merkmalsgruppen wie:

„Fettnacken, Rundschädel, Vogelprofil, Judennase, hängende Augenlider und Unterlippe, Doppelkinn und Plattfüße...!“ wie aus einer Dissertation der Uni Bonn (Rickmann, 2002, p. 198) hervorgeht.

„Brrr, Gänsehaut!“ Man bewahre uns vor solchen „Schand-Anthropologen“!

Surfen und Grübeln

Fragen über Fragen? Werde ich verrückt oder bin ich es schon? Manchmal lass ich alles liegen und stehen, kann mich nicht mehr konzentrieren.

„Scheiß Rassen-Bürokraten. Brunzer, verschissenes g'scheibates Oaschgsindel, ich hau alles hin!“

Aber dann packt mich doch wieder die Neugierde: Immerhin gab's ja in der Zwischenzeit das Internet! Vor allem als Geschichtsunterricht Nachhilfe :

„Wie war das eigentlich mit den Nürnberger Rassengesetzen?“

„Warum wurden Juden sofort enteignet, durften nichts mehr kaufen und verkaufen? Wer war Mischling ersten, wer 2. Grades, warum wurden diese zu Zwangsverkäufen gedrängt?“

All die Dinge, die man nie in der Schule gelernt hatte, wurden plötzlich real, am Bildschirm, sofort abrufbar, auch mitten in Afrika, wenn nicht gerade der Strom ausfiel oder der Computer abstürzte.

Dann das Internet als Fundgrube: Berichte von Zeitzeugen aus dem Ybbs Tal, Studien des Dokumentationsarchivs des österreichischen Widerstandes, Studien über die Rolle der Kaiser Wilhelm Gesellschaft im 3. Reich. Diskussionsforen über militärische Geheimprojekte usw.

Mir schmerzten manchmal die Augen vom *„Googeln"*. Und auch in der Nacht ließ mich die Nazizeit nicht mehr los:

Es war eine schwüle Sommernacht, knapp vor der Regenzeit im Senegal, und gerade gab es wieder einen der vielen Stromausfälle in Dakar, um 2 Uhr früh! Die Hunde bellten in der Nachbarschaft. Das Klimagerät hörte auf zu brummen.

Es wurde schnell heiß im Schlafzimmer und ein Moskito schlüpfte durchs löchrige Netz und summte mir um die Ohren.

Ich wurde langsam wach.

Und plötzlich, im Trancezustand zwischen Schlafen und Wachen, war sie wieder da, die lange verschüttete Erinnerung an den Rübezahl mit dem Bart und der Keule, den Gauleiter wie ich ihn mir in der Kindheit vorgestellt hatte, die Mutter und den kleinen Bub, der dauernd so viele Fragen stellt, das Fahrrad mit dem Kindersitz, das Russenauto und das große Gut, das meiner Mutter gehört hätte.

Aufräumen

Meine Mutter war im Jänner 2004 im Alter von 84 Jahren plötzlich, völlig unerwartet gestorben.

Ich war gerade in Köln auf einem Weiterbildungskurs gewesen. Der Schmerz war groß und die Trauer unendlich tief.

Je mehr Liebe man von jemandem im Leben empfangen hat, umso schwerer ist der Abschied. Ich musste mich irgendwie bis zum Begräbnis beschäftigen, um das besser zu verarbeiten. Ich fing an, die alten Kästen aufzuräumen.

Wenn ich etwas in meiner Kindheit nicht gelernt habe, dann ist es ein vernünftiges Ordnungssystem für meine Akten. Das fing schon an mit meinen Schulsachen. In dem Biedermeier-Kasten im ehemaligen Kinderzimmer war alles durcheinander. Alte Hefte und Lehrbücher, die Dias von meiner Maturareise nach Dubrovnik und von der Kuba Brigade 1973 und Werkzeug, das ich früher zum Schnitzen und Basteln verwendet hatte.

Aber da war auch noch eine Lade mit alten Fotos und Briefen ......meiner Mutter. Ich hatte in diesem Kasten schon sicher 25 Jahre nicht mehr herumgekramt. Meine Mutter hatte ihn mir damals, als ich in die Mittelschule kam, zur Verfügung gestellt, aber die Lade drinnen mit ihrer Korrespondenz hatte sie nie ausgeräumt!

Einige Briefe waren mit der Schreibmaschine geschrieben. Durchschläge auf einem hauchdünnen Papier. Das waren die geschäftlichen Angelegenheiten. Andere waren kaum leserlich, in Kurrent oder so was. Ich ließ alles liegen und stehen und begann zu lesen …

Da, auf den Durchschlägen, stand was von „Arisierung“ und „Rückstellungsantrag über 200.000 Reichsmark“.

Und plötzlich ging ein Licht in meinem Kopf auf, das mir meine aus der Kindheit und Jugend so vertraute Welt in einer völlig anderen Perspektive erscheinen ließ!

In anderen Briefen, die ich später in alten Kartons in der Garage fand, wo schon die Asseln nisteten, war von Reisen nach Berlin die Rede, um eine Rückstufung auf den Status eines „Mischling zweiten Grades“ zu erreichen. Von Geldern, die diesbezüglich von den Wittgensteins und unserer Familie an einen Mittelsmann gezahlt wurden, von weiteren versuchten Interventionen über den Gauleiter…usw.

Auch hatte man anscheinend noch lange Zeit gehofft, den Kaufpreis für Kyrnberg doch noch zu erhalten. Es war also doch kein *„Deal"* mit dem Gauleiter gewesen, damit man den Holocaust überlebt, man hatte die Familie schlicht und einfach betrogen.

Gauleiter von „Niederdonau" Hugo Jury (ÖNB-Free Acess)

Ja, und da war auch ein Brief von Prof. Ruttner an meine Mutter, die gerade im Arbeitsdienst bei Bauern im Waldviertel war. Dort hieß es:

„Aus dir wird sicher eine prächtige Arbeitsmaid werden, wie sie sich der Führer nur wünschen kann".

Allerdings war dieser Einsatz auch ein Refugium, sie durfte zwar eine Zeitlang durch Interventionen ihres Vormunds, Prof. Ruttner studieren, wurde aber auf der Universität für Bodenkultur eher nur geduldet. Im Arbeitsdienst war sie etwas geschützt gegenüber all den antisemitischen Bedrohungen.

In anderen Briefen war die Rede von Blockabenden in der Biologischen Station, wo Prof. Ruttner an Hand von Karten und Lichtbildern genau den „grandiosen" Vormarsch der deutschen Truppen kommentierte. Es finden sich nirgends antisemitische Äußerungen.

Der Professor hoffte nur, dass dieser Krieg nicht lange dauern wird, und ein neues „vereintes Europa" unter deutscher Führung hervorbringen würde.

Und dann wurde es mir klar: Nur durch diesen aktiven Einsatz in der NSDAP konnte er es sich gleichzeitig leisten, meine Großmutter so zu beschützen und für unsere Familie zu intervenieren.

Versuch einer Rekonstruktion

Aber das wichtigste Glied in der Kette war die Alm, das Kälteloch, an dem wir so oft vorbeigewandert waren, die Versuchsstation für die Flugzeug- und Panzermotoren im Krieg.

Ich konnte mich ja noch an die Baracken und verrosteten Eisenteile erinnern. Natürlich konnte man dort keine großen Bunker bauen, ohne Straßen, nur mit einer kleinen Materialseilbahn. Aber ansonsten war alles da: eine vorher schon gut ausgebaute Alm mit einer Dampfmaschine, ein Reitsteig, auf dem auch kleine Militärfahrzeuge, so genannte Kettenkrad-Fahrzeuge fahren konnten, eine große Jagdhütte und ein Terrain, das sich im Winter ideal für das Training für den Russlandfeldzug eignete.

Blick übers Grünloch zum Dürrenstein im Winter (Nachlass meiner Mutter).

Eine ganze Kompanie Soldaten wurde direkt unterhalb der Hütte in Baracken einquartiert.

Dolinen und Kälteseen gab und gibt es ja sehr zahlreich in den Alpen. Aber nirgends war die Sache wissenschaftlich so belegt, und nirgends waren die Almen so gut dafür eingerichtet. Warum wurde dann aber das Schloss nicht auch gleich beschlagnahmt?

Nun, einerseits gehörte es der Familie Kupelwieser nur knapp zur Hälfte, die andere Hälfte besaß die Familie Mathes, die Nachfahren meiner Großtante Paula, die einen Herrn Oberstleutnant von Mathes geheiratet hatte, der gleich am Anfang des ersten Weltkrieges in einer bravourösen Attacke in Russland umkam, und deshalb nachträglich dann noch in den Adelsstand erhoben wurde.

Diese Linie hatte also nur einen ¼-jüdischen Einschlag über meine Urgroßmutter Bertha. Da sie auch Mitbesitzer in Kyrnberg gewesen waren, war mit der Einverleibung dieses Gutes zumindest anfangs den Rassengesetzen genüge getan, da der Gemeinschaftsbesitz auf fast die Hälfte reduziert wurde.

Ein Sechstel war außerdem im Besitz des Jugendstilmalers Maximilian Lenz. Dieser Kollege und Freund Klimts war lange Zeit Zeichenlehrer und Lebensgefährte meiner anderen Großtante Ida gewesen, die das Bild vom Lunzer See in unserem Wohnzimmer gemalt hatte.

Der Truppenübungsplatz des Wehrkreises 17 auf der Alm hinter dem Schloss sollte auch möglichst geheim gehalten werden. Einerseits als Tarnung gegen Fliegerangriffe, andererseits gegenüber der aufkeimenden Partisanentätigkeit im Ötscher-Gebiet.

Was war näherliegend als unsere Familie dem Schein nach unbehelligt zu lassen, während die SS und die Hitlerjugend insgeheim den militärischen Ausbau der Alm vorantrieben.

Vergrößerter Ausschnitt eines Fotos vom Boden des Grünlochs 1958. Links hinten ein Raupenschlepper, rechts vorne eine FLAK Kanone (Archiv Leichtfried).

Um die Seilbahn ohne Störungen betreiben zu können, musste nun auch das betriebseigene E-Werk renoviert werden, was Ruttner nach dem Tod meines Großvaters mit Hilfe der Militärs unverzüglich bewerkstelligte. Unterdessen blieb meine immer stärker bedrohte Großmutter im Schloss und wagte es kaum mehr, das Gelände, wo sie unter dem Schutz des Professors stand, zu verlassen.

Als man sie dann später einmal fragte, ob die Familie mit dem Adelsgeschlecht der Sayn-Wittgenstein verwandt sei, meinte sie nur lakonisch:

„Ja, ja, Sayn oder Nicht-Sein?"

Sie war sich der Gefahr, unter der sie wegen ihrer Abstammung stand, voll bewusst.

Meine Tante Maria Kupelwieser, genannt „Mutz", die ältere Schwester meiner Mutter, hatte schon vor dem Anschluss ein Medizinstudium in Innsbruck begonnen.

Als „jüdischer Mischling ersten Grades" waren sowohl sie als auch mein Onkel Peter und meine Mutter „studierunwürdig" geworden. Einer der Söhne des Professors war aber vor dem „Anschluss" illegaler Nazi gewesen.

Dann kam er zur SS, war aber dann nach dem Studium in Innsbruck in der Uni-Klinik untergekommen, da er wegen chronischem Rheumatismus nicht zum Militär musste.

Er konnte dort über Beziehungen meiner Tante ihren Studienplatz absichern.

Meine Mutter wollte immer schon Landwirtschaft studieren und hatte noch vor dem Anschluss gleich nach ihrer Matura 1937 ein Praktikum im damals noch familieneigenen Gut Kyrnberg absolviert

Frauen-Militarismus im Arbeitsdiest Lager Langau bei Geras (Nachlass meiner Mutter).

Dann meldete sie sich, zum Leidwesen meiner Großmutter, freiwillig zum nationalsozialistischen Reichsarbeitsdienst. Damit konnte sie ihre „Linientreue“ trotz ihrer Abstammung unter Beweis stellen und gleichzeitig auf diversen großen Bauernhöfen im Waldviertel und in Oberösterreich in der Landwirtschaft praktische Erfahrungen sammeln.

Eine kurze Zeit war sie dann auch noch im heutigen Slowenien bei den „Windischen", also deutschsprachigen Bauern, eingesetzt, als dort schon Partisanen operierten.

Das war ein Himmelfahrtskommando, und sie war dann froh, dass sie Mitte 1944 vom Arbeitsdienst suspendiert wurde und in Lunz am Gut Seehof mitarbeiten konnte.

Mutter Nina Kupelwieser als „Arbeitsmaid" (Nachlass meiner Mutter).

Dazwischen schaffte sie es auch, durch die Beziehungen der Biologischen Station zur Universität für Bodenkultur immer wieder an Vorlesungen teilzunehmen und schließlich auch eine Art Diplomprüfung als „Diplom-Agrar Landwirt" eines zweijährigen Schnellstudiums zu bestehen, das aber dann nach dem Krieg nicht anerkannt wurde.

Anscheinend wurden ja nur ganz wenige nicht - arische Studenten an den Universitäten aufgenommen, aber da brauchte es offensichtlich eine gehörige Portion Protektion.

Sie hatte es sich auch überlegt, nach dem Krieg in eine der erhofften, wieder zurück gewonnenen deutschen Kolonien auszuwandern, und wollte sich auch noch in die von Hitler wiedereröffnete „Koloniale Frauenschule" in Rendsburg einschreiben, um sich auch für die tropische Landwirtschaft zu qualifizieren, aber daraus wurde dann eben auch nichts mehr.

Koloniale Frauenschule Rendsburg.

Prospekt der Kolonialen Frauenschule, 1942 (Nachlass meiner Mutter.

In einem Prospekt dieser Schule heißt es:

„Schon jetzt stellt sich die Schule auf alle neuen, großen und schönen Aufgaben ein, die mit dem siegreichen Ende des Krieges voraussichtlich zusammenhängen werden. Es werden dann wahrscheinlich viele weibliche Kräfte für die wiedergewonnenen Kolonien gebraucht werden".

Nur mein Onkel Peter, ihr Bruder, hatte überhaupt nicht die Chance, in der Nazizeit studieren zu dürfen. Er war nicht nur „studier-“ sondern auch „wehrunwürdig“ und da er der jüngste der Familie war, maturierte er erst 1940, als die Rassengesetze immer mehr verschärft worden waren.

„Arbeitsmaiden“ bei Ausflügen, es hatte schon auch was Frauenemanzipatorisches (Nachlass meiner Mutter).

Beides empfand er als Diskriminierung, und versuchte mit zahlreichen Interventionen und Reisen nach Berlin eine Rückstufung auf den Status eines Mischlings zweiten Grades zu erreichen, unter der Berufung auf die Tatsache, dass seine Mutter, meine Großmutter, nicht von den Israeliten, sondern von einem kleinasiatischen Volk, den „Chasaren“, abstamme.

Das Reichs-Sippenamt konnte dieser Argumentation allerdings nicht folgen, *weil „alle anthropologischen Institute hoffnungslos überfordert seien“,* und man versprach nur, den Akt nach dem Kriege weiterzubearbeiten.

Meinem Onkel blieb also nichts Anderes übrig, als bei seiner Mutter zu bleiben, die nach dem Zwangsverkauf Kyrnbergs in das Schloss Seehof nach Lunz übersiedelt war. Dort kam er notgedrungen in die Obhut seines Vormunds, des Professor Ruttner, der als NSDAP Blockleiter und Leiter der Biologischen Station Lunz die Kontakte zu den Militärs, der SS und der Gauleitung herstellte.

Er konnte so immerhin seinen Arbeitsdienst im beschlagnahmten Heeres-Fohlenhof in Lehen leisten, wodurch er trotz der Diskriminierung vorübergehend abgesichert war.

Währenddessen kamen die ersten deutschen Hubschrauber auf die Alm geflogen, um die Eignung für die Kältetests zu erkunden.

Sie sollten dann gleich in Norwegen zur Erkundung und Partisanenbekämpfung eingesetzt werden. Dann wurde in Windeseile die Seilbahn aufs „Gamseck“ errichtet, wahrscheinlich vom KZ Nibelungenwerk in St. Valentin kamen die Panzermotoren für Russland und wurden umgehend für die Kältetests auf die Alm befördert.

Zur selben Zeit wurde das Jugendheim am anderen Seeufer für die SS und die Hitlerjugend eingerichtet, die dort ein „Wehrertüchtigungslager“ anlegte.

Und so wurde ein äußerst friedlicher Ort mit drei Bergseen und einer Forschungsstation Schritt für Schritt zu einer der größten Bastionen der Nazis im Alpenraum!

Wenn mein Urgroßvater keine Biologische Station gestiftet, und diese keine minus 53 Grad gemessen hätte, wäre Lunz am See das ganze Trauma erspart geblieben.

Nach außen hin war aber alles eingebettet in die ganz normale Tätigkeit des Gutes Seehof: Holzbringung, Meierei, Fischerei, Jagd usw.

1941 war auch Gauleiter Dr. Hugo Jury zu Besuch in die Biologische Station Lunz gekommen, wie aus einer Studie über die Geschichte der Kaiser Wilhelm Gesellschaft hervorgeht.

Es war wohl nicht nur das Interesse für die Seenkunde. Der Professor Ruttner hatte gerade sein berühmtes Lehrbuch „Grundriss der Limmnologie“ in Berlin veröffentlicht, das heute noch als Standardwerk der Gewässerökologie gilt.

Nein, der Gauleiter wollte Ruttner wegen seiner kriegswichtigen und klimatechnischen Rolle sehen, aber nicht öffentlich, da es ja geheim bleiben sollte!

Meine Großmutter, die sich selbst enterbt hatte, blieb diskret im Hintergrund. Meine Mutter war im Arbeitsdienst, ihre Schwester studierte in Innsbruck, Peter Mathes war Ingenieur in Berlin und Willy Mathes, der 1938 mit „Nein“ gestimmt hatte, war beim Militär, wo er vor weiteren Verfolgungen einigermaßen sicher war. Sein jüdischer Einschlag war außerdem nicht so groß.

Onkel Peter Kupelwieser sowie Tante Liesl Mathes waren die einzigen anwesenden Erben, aber Onkel Peter war erst 20 Jahre alt, was damals als noch nicht volljährig galt, und Tante Liesl arbeitete als Physikerin an der Universität Wien.

Die Mathes-Mitbesitzer der beiden Güter waren zwar weit weniger „jüdisch versippt“, aber wegen des Abstimmungsverhaltens meines geliebten Onkels Willy – der uns später in Lunz immer zum Fischen mitnahm - aus politischen Gründen zumindest verdächtig.

Onkel Willy Mathes

(Nachlass meiner Mutter)

So blieben also nur mein Onkel Peter als „Mischling" mit seiner jüdisch-stämmigen Mutter im Schloss, und während die Techniker der Kraftfahrversuchsstelle des Heereswaffenamtes (Versuchskommando Lunz) mit Ketttenkrad- Fahrzeugen auf die Alm fuhren und große Panzer vor dem Schloss stationiert waren, bangten die beiden um ihr Leben und versuchten sich den neuen Herrschern gegenüber möglichst unauffällig zu verhalten. Was hätten sie auch sonst tun sollen?

Die Räumlichkeiten im Schloss, die Urgroßvater Carl Kupelwieser bewohnt hatte, wurden als Absteige für hochrangige SS- und Wehrmachtsoffiziere bereitgestellt. Ein Raum hieß auch später noch, das „Generalszimmer". Gleich daneben wohnten meine Großmutter und ihr Sohn. Im Mai 1944 kamen SS-Offiziere zur „Frühjahrsmusterung" in den auf unserem Gut installierten „Fohlenhof".

Aus Briefen an meine Mutter geht hervor, die Musterung sei gut verlaufen, und ein Oberst Jena sei mit dem Stabszahlmeister Blank und einem Feldwebel bei meiner Großmutter im Schloss zur Jause eingeladen gewesen. Man hätte sich ganz gut unterhalten, nur die beiden letzteren waren aber *„ziemlich auf den Mund gefallen"*. Dabei hätte sich meine Großmutter wirklich Mühe gegeben…!

Als ich das las, bekam ich richtig Herzklopfen. In dem schönen großen Salon, wo ich immer als Kind herumgetobt bin, saßen etwa 12 Jahre davor ein SS-Offizier und eine Jüdin beim Tee, als ob das nichts zu bedeuten hätte, und machen *„small talk"*.

Nur die untergebenen Militärs hätten sich nicht richtig an der Konversation beteiligt.

Heute findet man die Personalien mit wenigen „Klicks" im Laptop: Oberst Leo von Jena, persönlicher Stab des SS-Reichsführers (mit der Uniform eines SS-Gruppenführers und Generalleutnants der Waffen-SS) war nach einem Einsatz in Polen direkt Himmler in Berlin unterstellt.

Er galt in Nazi Kreisen wegen seiner adeligen Herkunft und etwas distanzierten Einstellung als „nicht sehr zuverlässig".

Wahrscheinlich wurde er deshalb für weniger heikle Einsätze, wie die Inspektion der Einrichtungen in Lunz, herangezogen. Vielleicht fiel es ihm auch deshalb nicht so schwer, in einem aristokratischen Schloss mit der Besitzerin Tee zu trinken, obwohl diese eine Jüdin war?

Jedenfalls war es eine unvorstellbare Gratwanderung für meine Großmutter und ihre Kinder.

Meine Großmutter als Witwe überlebte im Schloss tapfer alle Bedrohungen. (Nachlass meiner Mutter)

Zum Auswandern war nicht genug Bargeld da und sie hätten das letzte verbliebene Gut auch noch opfern müssen.

Und Widerstand kann man von den „Mischlings-„Kindern und ihrer allein stehenden jüdischen Mutter in dieser exponierten Situation schwer verlangen.

Noch dazu wo sie dem Freund der Familie, Prof. Ruttner und dem Gauleiter zu Dank verpflichtet waren, dass sie überhaupt noch lebten und auf Gedeih und Verderb mit dieser Konstellation leben mussten.

Und Ruttner spielte dabei eine perfekte Doppelrolle!

Es gab nämlich auch noch andere wichtige Kontakte der Biologischen Station zur NS Rüstungsindustrie: Der Chemiker Dr. Franz Berger wurde vom Raketenfachmann Wernher von Braun 1942 in Lunz aufgesucht und zum deutschen Raketen-Forschungszentrum in Peenemünde an der Ostsee beordert.

Dort musste er an der Entwicklung von speziellen flüssigen Raketentreibstoffen mitarbeiten, mit denen sogenannte „Wasserfall"-Raketen betrieben wurden. Mit diesen sollten auch deutsche U-Boote bestückt werden, und als „Wunderwaffen" hätten sie sogar die USA bedrohen können.

Andererseits gelang es Ruttner, in einer für ihn typischen Gratwanderung, auch einen französischen Wissenschaftler, Pierre Bourelly, aus dem Gefangenenlager Stalag XVII bei Krems nach Intervention seines Freundes Prof. Thienemann, mit dem er 1928 in Java gewesen war, herauszuholen und in der Station zu beschäftigen.

Bourelly konnte hier seine bahnbrechenden Arbeiten über Süßwasseralgen beginnen. Ruttner wollte sogar diese Forschungsarbeit seines „Gefangenen" veröffentlichen lassen, holte sich aber damit eine Abfuhr von den NS-Behörden:

„In einer Erwiderung bemerkte der enttäuschte Ruttner in Anspielung auf die Europa-Rhetorik der Nationalsozialisten, er bedauere die Absage, da er der Ansicht sei, „dass wir jetzt, im Zeichen der werdenden europäischen Gemeinschaft, die Franzosen nicht mehr als unsere Feinde betrachten sollten." *(Strebel, Wagner, Zwangsarbeit für Forschungseinrichtungen der KWG 1939-1945p.68)*

Bourelly durfte nur mit einem bewaffneten Bewacher seine Forschungen am See durchführen. Was aber nicht so genau genommen wurde. Manchmal sah man sie in Lunz lachend nebeneinander spazieren.

Bourelly und Thienemann bei Forschungen in den Bergen bei Lunz (Vortrag Leichtfried, Biologische Station Lunz).

Doch die Zeiten wurden härter und unruhiger.

Ab Mitte 1944 gab es verstärkte Aktivitäten von Partisanen in der Gegend.

Mein Onkel, der wegen seiner Abstammung weder studieren noch zum Militär durfte, wurde zu Einsätzen der „Landwacht" herangezogen. Er kannte sich ja durch seine jugendlichen Wandertouren gut in der Gegend aus.

In einem Brief an meine Mutter berichtet er im Juli 1944, dass man Partisanen in der Gegend von Neuhaus an der Straße nach Mariazell aufgespürt hätte, einer wurde erschossen, zwei verhört, die anderen seien über Forst-Straßen in die Steiermark entkommen.

In der Familie war darüber überhaupt nie ein Wort gesprochen worden. Vielleicht war seine Einbeziehung zur „Landwacht" auch ein Refugium gegenüber seiner zunehmenden Bedrohung. Wahrscheinlich hatte das Ruttner zu seinem Schutz veranlasst?

Wenn der Kaufpreis für das Gut Kyrnberg beglichen worden wäre, hätte sich das zwar auf alle sieben Mitbesitzer verteilt, dann hätte man eventuell doch ans Auswandern denken können, aber den Großteil des Geldes hätten sie dann als „Reichsfluchtsteuer" hier lassen müssen.

So aber wurden sie vor vollendete Tatsachen gestellt. Sie hatten de facto nichts mehr zu entscheiden. Ein Teil des Schlosses wurde bereits 1943 von der Hitlerjugend für die Kinderlandverschickung beschlagnahmt.

Hier wurden Kinder aus dem schon frühzeitig von der englischen Luftwaffe bombardierten Kiel im Sommer untergebracht. Im Winter mussten sie aber wegen mangelnder Heizung wieder ausziehen.

Meine Großmutter hatte aber trotz allem den Mut, regelmäßig „Feindsender" zu hören, da sie natürlich auf ein baldiges Ende des Krieges hoffte.

Die BBC hatte als Pausenzeichen den Auftakt zur 5. Symphonie Beethovens „Ta, ta, ta, taaa“ in Form metallischer Trommelschläge.

Einmal fragte sie einen ebenfalls wegen seiner Abstammung bedrohten, aber von Ruttner geschützten Botanik Professor Geitler, der einen Stock über ihrer Wohnung einquartiert war, ob es ihn sehr störe, wenn sie Radio höre? Darauf antwortete er verschmitzt:

“Ich höre nichts, ich höre nur Beethoven!“

Gegen Ende des Krieges kam es zu zahlreichen Partisanenaktivitäten entlang der Erlauf und Ybbs.

Kommunisten und sozialdemokratische Gewerkschafter waren überall entlang der Eisenbahnverbindungen im Untergrund organisiert.

Der Leiter der „Widerstandsgruppe Erlauftal" Rudolf Obendorfer, Kommunist und Angestellter der E-Werke Gaming sei noch am 8.5.1945 und in Lunz am See von einem Offizier der deutschen Wehrmacht hingerichtet worden, als der Krieg eigentlich schon aus war, und die deutschen Truppen schon über alle Berge waren!

So steht es zumindest in den Akten der Volksgerichte, die 1946/47 die Entnazifizierung voranbrachten. Ein Anführer des Wehrertüchtigungslagers der Hitlerjugend wurde verurteilt, den Oberdorfer dem Wehrmachtsoffizier ausgeliefert zu haben. Bald darauf aber wurde jener vom damaligen Innenminister Helmer begnadigt, weil „keine persönliche Schuld“ nachzuweisen sei.

Das stimmt aber nicht in der „Geschichtsschreibung“, am 8. Mai waren doch gar keine Deutschen Truppen mehr hier?

In Wirklichkeit hatten die stockbesoffenen Hitlerjugendanführer das Kriegsende „gefeiert“, wie nun viele Jahre später aus einer sehr genauen Studie eines lokalen Historikers hervorgeht.

Die Russen hatten gerade St. Pölten, die Amerikaner Waidhofen an der Ybbs besetzt. In den Gebieten dazwischen lösten sich die Reste der deutschen Wehrmacht überall auf.

Obendorfer, der am Tag des Kriegsendes nach seinem beschlagnahmten Haus am Lunzer See sehen wollte, und sich dann bei der HJ über den verwahrlosten Zustand beschwerte, wurde nach einem Handgemenge angeschossen, dann liegengelassen und Stunden später in der Nacht dort kaltblütig ermordet.

Die Offiziere der Wehrmacht waren da schon über alle Berge.

Einige Wochen vorher, am 13.4. und 18.4.45 hatten die SS und die Hitlerjugend aus Lunz am See 76 ungarische Juden auf Befehl des Arbeitsamtes

Amstetten in Göstling und später auch in Randegg ermordet.

Diese waren auf dem Durchmarsch zu KZ Mauthausen, als wegen des nahen Kriegsendes der Plan geändert wurde.

Dabei hatte Gauleiter Jury vorher noch erklärt, man solle die Gefangenen „anständig“ behandeln. In Göstling wurden sie in eine Scheune eingesperrt, die dann angezündet und mit Panzerfäusten beschossen wurde.

Lunz war der stärkste Nazi-Stützpunkt in diesem Gebiet geworden, mit dem größten Aufgebot an militärischen und paramilitärischen Einheiten, die die schmutzigen Arbeiten erledigten!

Ich muss sagen, diese Nachforschungen nahmen mich psychisch ziemlich her. Die ganze Gegend, in der wir in der Jugend über Stock und Stein gewandert sind, erschien nun in einem völlig anderen Licht! Aber warum hat uns das lange Zeit niemand erzählt?

Wie war das nochmals mit dem „transgenerationellen“ Trauma? Nur nix reden, nur so tun als ob alles in Ordnung wäre? Und der nachfragt, der ist dann wieder ein „blöder Bub“, der soll doch die „Goschn“ halten!

Manche Geschichten wurden zwar oft als „Anekdoten“ in den Gasthäusern und Cafés zum

Besten gegeben: z.B. die Geschichte mit der Notlandung eines amerikanischen Bombers am zugefrorenen See.

1944/45 war es schon zu massiven Fliegerattacken über Lunz gekommen. Da hatten die Alliierten sicherlich schon von der strategischen Bedeutung dieses Ortes erfahren, vielleicht von den Partisanen?

In Amerika hatte man Angst, dass sich verbissene Nazi-Truppen in die „Alpenfestung" zurückziehen werden. Anfang 1945 versuchte man mit Luftbildern alle Truppenkonzentrationen in den Alpen, also auch in Lunz am See zu kartieren.

Möglicherweise wurde der am See gelandete Flieger von einem Flak Geschütz auf der Alm getroffen. Aber auch das Schloss Seehof wurde zum Angriffsziel.

Man verfehlte es nur knapp, 3 Bomben gingen auf der gegenüberliegenden steilen Wiese, der „Schloßleiten", nieder, eine davon traf den alten Eiskeller, keine 30 Meter vom Schloss entfernt.

Früher hatte man hier das im Winter aus dem See herausgeschnittene Eis mit Stroh und Sägespänen bedeckt und so bis zum Sommer eingelagert.

Abgestürzter Lockheed Bomber im Lunzersee.

(Photo Plaimauer)

Eine Lockheed Lightning im Krieg.
(https://en.wikipedia.org/wiki/Lockheed_P-38_Lightning, creative commons license)

Die am zugefrorenen See 1945 notgelandete Lokheed Lightning wurde erst 10 Jahre später an

Land gezogen und dann in tausende Stücke Alt-Aluminium zerlegt.

Das Flugzeug war auf dem Eis gelandet, aber die noch heißen Motoren brachten es zum Schmelzen und es sank dann ganz langsam in die Tiefe.

Man erzählt sich heute noch Geschichten in Lunz, dass dann spielende Kinder, andere sagen, ein Gendarm, aus reiner Neugier ein darauf montiertes Maschinengewehr betätigten, wobei sich sogar noch einige Schüsse lösten, da die MG-Munition immer noch scharf war.

Gegen Ende des Krieges waren die Motorentests für den Russlandfeldzug sicher schon hinfällig.

Wollte man nun Lunz und die Alm als Übungsgebiet für die Verteidigung der „Alpenfestung“ nutzen? Oder als Zentrale zur Partisanenbekämpfung?

In später veröffentlichten Landkarten über diese „Alpenfestung“ waren die Stadt Waidhofen an der Ybbs und der Berg „Dürrenstein“, der gleich hinter Lunz und vor dem Motorentestgelände liegt, als Bollwerke eingetragen.

Skizze der östlichen Grenze der „Alpenfestung". Punktierte Linie Waidhofen, ***Dürrenstein****, Leoben, (aus Rauchensteiner, „Die Alpenfestung" S. 240)*

Am 3. April 1945 war dann das Schloss in Lunz von der SS als Ganzes beschlagnahmt worden und diente nun als Rückzugsgebiet für einflussreiche Nazis aus dem Raum St. Pölten.

Am 13. April 1945 hatte dann die Sowjetarmee Wien eingenommen. Am 14. April St. Pölten und auch das Gut Kyrnberg, nachdem sie es vorher mit Stalinorgeln beschossen hatten, weil sie wussten, dass dort die SS und Feldgendarmerie stationiert war.

Vorher, im März war das Gebiet um Pyhra bei St.Pölten Operationsgebiet der deutschen Ostfront-Südabschnitt geworden, die Landwirtschaftsschule war schon seit 1943 geschlossen.

Am 5. 4. 1945 erfolgte die Flucht der Zivilbevölkerung. Der Direktor stellte einen Truck zur Flucht zusammen. Erstes Ziel sollte, wen wundert's, Lunz am See sein, später ging es nach Oberösterreich, zuletzt nach Haag am Hausruck, heißt es in einem Bericht des späteren Direktors.

Nach der Flucht blieb nur eine Mutter mit Kindern im Schulgebäude zurück, welches nun völlig von der Waffen-SS belegt wurde, die unkontrolliert darin hauste und unter anderem die Nähmaschinen und Matratzen abtransportierte.

Auch die Plünderung und Verschleppung des Viehbestandes begann schon mit dem Abzug der SS, indem sie 12 Rinder und 12 Schweine, sowie die Pferdegespanne requirierten und die zum Anbau bestimmte Saatkartoffel verfütterten.

Die SS selbst kämpfte noch verbittert um das Gut des Gauleiters, mit Unterstützung des Volkssturms, der in unseren Schützengräben lauerte, zog sich aber dann, nachdem dieser aufgerieben wurde, auch in den Westen zurück.

Das waren also die Leichen gewesen, von denen man uns als Kinder erzählt hatte, die in unserem Obstgarten herumlagen! Jetzt sehe ich mich wieder als kleinen Bub im Garten herumtollen und wie ich mir das versuche vorzustellen.

„Vielleicht sind sie ja doch noch nicht ganz tot?“

Oder sie kommen um Mitternacht als Zombies in meinen Albträumen wieder zurück? Gemeinsam mit dem Rübezahl-Gauleiter mit der Keule.

Mein Großonkel, der Jugendstilmaler Maximilian Lenz, der am „Jagdhof“ in Kyrnberg diese Tage erlebt hatte, schrieb in seinen Memoiren, dass ein SS Mann ganz erschöpft hereinkam und schrie:

„In den Keller, die Russen sind da und sie sind sehr stark“. (M. Lenz, Memoiren, transkribiertes Manuskript)

Als dann die sowjetischen Soldaten das Gut und die Villa besetzt hatten, fanden sie bei ihm 20 Koffer mit Nazi-Uniformen und Abzeichen, die ein geflüchteter Offizier bei ihm abgestellt hatte.

Lenz schreibt *„Natürlich war dies ein guter Fang für die Russen, es kam eine Kommission der G.P.U. ins Haus und ich wurde einfach als Besitzer der Naziuniformen und anderer Gegenstände erklärt, eine furchtbare Durchwühlung des Hauses, kein Winkel blieb ungesehen und jeder Kasten wurde durchgesucht.“*

Er wurde mit seiner Haushälterin an die Wand gestellt, schließlich konnte man einem deutschsprechenden Russen aber erklären, dass das nicht ihm gehörte und so ließ man wieder von ihm ab.

Er beklagt sich bitter, dass diese: *„Barbaren und Asiaten ganz ungeniert im Hause herumgingen und alles entweihten"*.

Sicher war das für die lokale Bevölkerung ein Schock. Aber dazu fällt mir ein, wie meine Mutter in ihren schuldbewussten Monologen am Küchenherd immer wieder die heimkehrenden deutschen Soldaten zitiert hatte, die ihr unverhohlen erklärt hatten:

„Wenn die Russen so mit uns umgehen, wie wir mit ihnen verfahren sind, dann Gnade uns Gott!"

Ich verstand das damals noch nicht, ich hatte ja keine Ahnung, mit welcher Brutalität die Zivilbevölkerung im Osten terrorisiert worden war.

Und während dann in Wien Kanzler Renner bereits eine provisorische Regierung Österreichs einsetzte, kam es westlich von St. Pölten noch 3 Wochen lang zu entsetzlichen Gräueltaten der durchziehenden Nazi-Einheiten an der Zivilbevölkerung.

Auch Waidhofen an der Ybbs, ein anderes „Bollwerk" der imaginären Alpenfestung, sollte um jeden Preis verteidigt werden, und Gauleiter

Jury und Kreisleiter Neumayer drohten jedem „Feigling“ mit standrechtlichem Erschießen oder Erhängen. Das war das wahre Gesicht unseres Raubgut-Besitzers und Opernfreundes!

In den letzten Apriltagen rückten dann die anderen Alliierten von Westen her vor.

Als am 7. Mai die letzten deutschen Truppen in Steyr die bedingungslose Kapitulation unterzeichnet hatten, wurde ihnen von den Amerikanern zugesichert, dass sie bis zum 9. Mai die amerikanischen Linien überschreiten dürfen.

Manche dachten sogar: *„Jetzt geht es mit den Amerikanern gegen die Russen, wir sind gerettet“.*

Als aber dann klar war, dass Lunz in die russische Besatzungszone fallen würde, gab es massive Fluchtbewegungen in den Westen. Die amerikanische Armee, die am 6. Mai Waidhofen eingenommen hatte, zog sich nach einigen Tagen wieder hinter die Enns zurück.

Aber wenn auch die „Alpenfestung“ fast nur auf dem Papier existiert hatte, so gab es sie zumindest ansatzweise in Lunz am See wegen der seit Jahren laufenden Motorentests in den Bergen, und dem Wehrertüchtigungslager der Hitlerjugend und SS am Lunzersee. Und die sich vom Osten zurückziehenden Militärs hatten den Befehl „Rückzug in die Alpenfestung“. War also Lunz mit den beschlagnahmten Almen und den vielen Militärs die einzige „real existierende" Alpenfestung?

Gab es deshalb all diese Bombenangriffe, damit sich hier keine Widerstandsnester bilden konnten?

Skitour meiner Mutter und ihren Freunden am Rand des Grünlochs im Dürrenstein-Massiv. (Nachlass meiner Mutter).

Wie überall, eskalierten zum Schluss die Grausamkeiten und Extremreaktionen. Auch die Deportation der Familie Kupelwieser war anscheinend schon beschlossene Sache.

Kurz nach dem Zusammenbruch des Reiches, das 1000 Jahre dauern hätte sollen, trafen sich mein Onkel und ein Lunzer Gendarm an der Straße. Das junge wiedererstandene Österreich hatte auf der untersten Ebene noch keine Beamten austauschen können.

„Wisst's eh, dass ihr a Glück g'habt habt's, dass mir euch net abg'holt ham?" sagte der Gendarm zu Onkel Peter. *„Ja, ja, das wissen wir, aber woher wissen Sie es?"* war seine unverblümte Antwort.

In der Tat waren schon seit 1943 alle Vorbereitungen angelaufen, und die Deportationslisten schon unterwegs. Die schützende Hand Prof. Ruttners reichte nicht mehr. Die Korrespondenz mit dem Reichs-Sippenamt und der Kaiser Wilhelm Gesellschaft war zum Erliegen gekommen.

Aber sein Sohn Friedl, ein SS-ler der ersten Stunde, später ein bekannter Bienenforscher und Hochschulprofessor in Frankfurt, war mit einer Sophie verheiratet, deren Mutter Socha Poten, die geschiedene Frau eines polnischen Adeligen mit Roland Kaltenbrunner, dem Bruder des Chefs der Reichssicherheit, Ernst Kaltenbrunner liiert war.

Sophie versuchte mehrere Male, dass dieser Freund ihrer Mutter bei seinem Bruder für die Familie Kupelwieser ein gutes Wort einlegt.

A b s c h r i f t.

Nicht zur Veröffentlichung!

Beurteilung jüdischer Mischlinge durch die Partei.
Anordnung A 37 / 42 NSDAP Parteikanzlei.

Ich habe im Auftrage des Führers bereits vor einigen Tagen darauf hingewiesen, dass der Führer bei der Beurteilung von Judenmischlingen den schärfsten Massstab angelegt wissen will. Dies ist von besonderer Bedeutung, da verständlicherweise viele Judenmischlinge durch Eintritt in die Wehrmacht Gleichstellung mit Deutschblütigen erreichen wollen. Erste Voraussetzung für die Aufnahme in die Wehrmacht war bisher günstige Beurteilung durch Parteidienststellen. Diese haben vielfach einen für Nationalsozialisten gänzlich unverständlich milden Standpunkt eingenommen, zum Teil sogar in geradezu leichtfertiger Weise - nämlich kurzerhand auf die Behauptung des Mischlings hin- Bescheinigungen ausgestellt. Von den Mischlingen selbst gemachte Angaben sind erfahrungsgemäss mit denkbar grösster Vorsicht zu werten: nach eigener Angabe sind viele Mischlinge uralte Kämpfer der NSDAP, oder der wirkliche Vater war nicht der jüdische Ehemann der Mutter, sondern ein goldblonder Arier usw.

Mischlinge werden nur noch in ganz besonderen Ausnahmefällen in die Wehrmacht aufgenommen, nämlich nur dann, wenn z. B. ein Mischling, dem seine Mischlingseigenschaft unbekannt war, als Parteigenosse schwere Verletzungen erlitt, längere Haft im Kerker oder Anhaltelager verbüsste und dergleichen. Zugehörigkeit allein zur Partei, einer ihrer Gliederungen und Verbände wird vom Führer keineswegs als ausreichende Voraussetzung für Aufnahme in die Wehrmacht - damit praktisch Gleichstellung mit Deutschblütigen - angesehen. Jeder einzelne Fall wird künftig vom Führer persönlich genau geprüft.

Ich ersuche um entsprechende Beachtung.

Führerhauptquartier, den 3. Juli 1942

gez. M. B o r m a n n

Reichsverfügungsblatt 27/42, 4. Juli 1942

Abschrift eines Erlasses von Bormann über die „Beurteilung von Judenmischlingen", Korrespondenz Prof. Ruttners vom 27. 7. 1942 mit Prof. Wittermann (Ruttner hatte vergeblich versucht meinen Onkel über ein Gnadengesuch zur Wehrmacht einberufen zu lassen).

Die Geschwister Kupelwieser waren, das geht aus persönlichen Briefen hervor, schon am Rande der Verzweiflung. Ihre Einstufung als „Mischlinge“ war mittlerweile wertlos, die eingeschickten Fotos zur Vermessung von Ohren, Nase , Kinn und Unterlippe lagen irgendwo in einer Schublade, die Eugeniker hatten „Wichtigeres“ zu tun, mit ihren sadistischen Experimenten in den KZ's und Behindertenheimen, als an Hand dieser Bilder den Einfluss der turkmenischen Chasaren auf das „arische“ Aussehen millimetergenau herauszumessen.

Und so vermutete man, dass die drohende Deportation im letzten Moment von den Brüdern Kaltenbrunner gestoppt wurde, weil eine Geliebte und polnische Gräfin ihren ganzen Charme dafür eingesetzt hatte - oder für kurze Zeit vielleicht gezielt verweigert hatte…?

„Make love, not crime“. Ja, wenn das nur viel öfter so funktioniert hätte…!

So ein kräftiger *„bad boy“* von der SS und eine ungebundene Adelige, das hatte sicher eine gewisse erotische Note.

Dass man im Endeffekt nicht durch die Gunst des Gauleiters, sondern über solche „intime Beziehungen“ überlebt hat, wurde später auch als irgendwie peinlich empfunden.

Erst als mein befreundeter Historiker Kurrent-Briefe meiner Tante an meine Mutter entzifferte, wurde diese Vermutung aus der mündlichen Familienüberlieferung bestätigt:

Sie schreibt im November 1943 an meine Mutter:

„Das sieht ja beinah wirklich wie ein ‚Lichtstrahl' aus! Jetzt kommt's dann eben doch noch darauf an, wie Ernst K. sich dazu stellt... Man kann sich's gar nicht recht ausdenken! Genaues über Dr. May: Bitte schreib mir od. Sophie gleich genau, wer er ist, wo er ist u. wo er was unternommen hat. Bilder würde ich erst auf Verlangen schicken. Ach, Du, wenn da draus was würde!"

Dieser Dr. May war, wie man im Internet heute schnell herausfinden kann, Privatdozent in München und Leiter des „Instituts für deutsches Ahnenerbe". Und die Bilder waren anscheinend noch immer die Fotos mit den Profil-Gesichtern der Kupelwieser Kinder zwecks Rassengutachten, von denen ich noch Abzüge in den Schachteln meiner Mutter gefunden hatte.

Dieser Dr. May hat dann wahrscheinlich als Gefälligkeit für die Kaltenbrunner Brüder daraus einen gewissen „arischen" Einschlag der Kinder „anthropologisch herausgemessen", damit den verbrecherischen Rassengesetzen entsprechend die Deportation gerade noch verhindert werden konnte!

Dass vor dem Hintergrund der allmählichen Eskalation die Bezahlung für das Gut Kyrnberg, wenn sie überhaupt je beabsichtigt war, nicht mehr realisiert wurde, kann man sich aus sehr vielen Indizien zusammenreimen.

Also hatte ich mich als Kind doch nicht verhört!

„Wenn uns der Gauleiter das nicht weggenommen hätte …“, damals, als ich ihn mir als bösen „Rübezahl“, der mit der Keule meine Mutter verjagt, vorgestellt hatte.

Es war aber keine schnelle Enteignung gewesen, sondern eine Beschlagnahmung, gefolgt von einem Scheinverkauf und all diesen Interventionen und Gefechten, die hinter den Kulissen ausgetragen wurden.

Die Tatsache, dass das andere Gut in Lunz nach dem Zusammenbruch des 3. Reiches trotz Geldentwertung immer noch sehr viele Schulden hatte, weist aber *„ex negativo“* eindeutig darauf hin.

War es doch seit Jahrzehnten das Ansinnen der Familie gewesen, ein Gut zu verkaufen, um das andere schuldenfrei zu machen? Ein ganz gewöhnlicher Verkauf sieht jedenfalls anders aus!

Die verschleppte Restitutionsfrage

Als die unmittelbare Bedrohung vorbei war, versuchte mein Onkel sofort die verlorenen Jahre, in denen er nicht studieren durfte, nachzuholen und inskribierte Forstwirtschaft auf der Hochschule für Bodenkultur. Bei der Gelegenheit wollte er sich auch um die Restitution des entzogenen Vermögens kümmern:

Vorerst ging es nur um die Anteile an der Soja-Fabrik in Schwechat und auch um das Grundstück der Stiftung meines Urgroßvaters für tuberkulöse Kinder in Breitenstein am Semmering, wo immer noch kein Heim erbaut worden war. Kyrnberg, als ehemaliger SS-Stützpunkt, war ja von den Sowjets besetzt. Da war bis zum Staatsvertrag ohnehin nichts möglich!

Der alte Anwalt der Familie, der schon meinem Großvater gedient und ursprünglich die Anwaltskanzlei des Urgroßvaters Carl übernommen hatte, war nun etwas senil geworden. Um den Restitutionsforderungen mehr Druck zu geben, übertrug man die Sache an Dr. Harald Hild, den Anwalt der einflussreichen Familie Mautner-Markhof.

Die Mautner-Markhofs waren zwar nur entfernte Verwandte der Kupelwiesers über die Brioni Schiene. Aber unsere Tante „Pussy“ war sehr gut mit unserem Onkel Willy Mathes befreundet, welcher bekanntlich mit „Nein“ gegen den „Anschluss“ gestimmt hatte. Und die Mautner-Markhofs waren in der Nazizeit als „Geltungsjuden“ ebenfalls enteignet worden, hatten aber gleich danach alle ihre Güter und Fabriken zurückbekommen.

Erst nach dem Staatsvertrag konnte man sich auch um Kyrnberg kümmern. Das Gut galt bis dahin ja als „deutsches Eigentum“.

Der frühere Direktor der landwirtschaftlichen Schule in Kyrnberg und Vater des Bürgermeisters von Pyhra erinnerte sich, dass das Gut nach dem Krieg in einem äußerst desolaten Zustand war.

„Bis in die 60-er Jahre durften wir dort in keine Reparaturen investieren, obwohl alles schon so baufällig war. Sogar die Kühe sind durch die Lücken in der Mauer aus dem Stall davongelaufen“.

Doch die Landesregierung empfahl immer wieder abzuwarten, da ein Restitutionsantrag anstand, so zumindest die Gerüchte, die um das sagenumwobene Anwesen kursierten.

Und wozu was renovieren, wenn man es vielleicht doch zurückgeben muss?

Gleich nach 1945 hatten die Sowjets versucht, das Gut Kyrnberg als deutsches Eigentum gemäß den Potsdamer Beschlüssen als Ganzes zu beschlagnahmen. Der Bezirkshauptmannschaft von St. Pölten gelang es aber, dies unter Hinweis auf den 1940 abgeschlossenen „Kaufvertrag“ zu verhindern.

Eine gänzliche Beschlagnahmung hätte es ihnen ermöglicht, Inventar und Gewinne in die Sowjetunion abzuführen, als Wiedergutmachung für die Kriegsschäden.

Das Gut war aber noch bis 1955 als Eigentum des Reichsgaues Niederdonau eingetragen, obwohl dieser nicht mehr existierte.

Das „Reich“ lebte sozusagen noch virtuell weiter, und auch in den bürokratischen Gepflogenheiten, die immer noch vom NS Gedankengut beeinflusst waren.

Die aufblühende Gemeinde Pyhra im Einzugsbereich des wieder industrialisierten St. Pölten brauchte dringend Baugrundstücke für den um 1950 eingesetzten Heirats- und Baby-Boom nach dem Krieg.

Auch ein Schwimmbad wollte man auf diesen Grundstücken neben der Perschling errichten.

Aber niemand traute sich, der landwirtschaftlichen Schule Pyhra, die de facto, aber noch nicht de jure Eigentümerin dieser Grundstücke war, die Genehmigung für den Verkauf zu erteilen.

Die Zuständigkeit läge beim Alliierten Rat und die Eigentumsverhältnisse seien nicht geklärt, hieß es nur in den Stellungnahmen bis Anfang 1955.

Gleich nach dem Staatsvertrag im Herbst 1955 begannen aber sofort die Grundverkäufe. Was war geschehen? Waren die „Eigentumsverhältnisse" jetzt plötzlich klar?

Ein 1946 erlassenes Gesetz besagte zwar, dass alle Rechtsgeschäfte der Nazizeit, die, entgeltlich oder unentgeltlich, unter Druck abgeschlossen worden waren, null und nichtig seien. Aber die Umsetzung dieses Gesetzes ließ nicht nur in diesem Fall sehr zu wünschen übrig.

Man berief sich immer wieder auf den „Kaufvertrag" zwischen unseren Familien und dem Gauleiter. Dass sich im Anhang an diesen Vertrag aber eine Niederschrift befindet, aus der hervorgeht, dass das Gut bereits vor dem „Verkauf" 1939 beschlagnahmt worden war und deshalb eindeutig unter Druck „verkauft" wurde, hat offensichtlich niemanden gestört.

Ich werde schon wieder verrückt. Oder ich bin einfach nur zu blöd, um das alles zu verstehen?

1959/1960 entschloss sich die Republik, gemäß den Bestimmungen des Staatsvertrages, alle herrenlosen Güter und solche mit ungeklärten Eigentumsverhältnissen in zwei „Sammelstellen" zu inventarisieren. Das Ziel war aber keinesfalls die bedingungslose Rückgabe oder das Ausforschen der möglichen Erben, sondern deren „Verwertung" zugunsten der Republik! Früheren enteigneten Grundbesitzern wurde allen Ernstes vorgeschlagen, ihre Güter zurückzukaufen! Wenn sie das nicht konnten, blieb der Besitz beim Bund!

In diesen Akten tauchten dann plötzlich die Grundstücksnummern des Gutes Kyrnberg wieder auf!

Einige Parzellen waren aber schon weiter an die Gemeinde Pyhra und private Käufer verkauft worden, obwohl gleichzeitig zwischen dem Bund und dem Land Niederösterreich ein jahrelanger Kompetenzstreit über die Anwendung der Rückstellungsgesetze entbrannt war.

Also verkaufte man schnell die Schnäppchen an Insider? Vielleicht war es in Bezug auf all diese intransparenten Transaktionen, dass sich mein Vater immer so ärgerte über die lokalen Politiker und Funktionäre?

. Ich höre ihn heute noch darüber fluchen, in seiner brachialen Art:

„Alles Hoderlumpen und Falloten, dreckige, Hundskrüppel, Saubeidln, depperte!

Die Politiker machen was sie wollen. Aber wir müssen rackern bis zum Umfallen!

1961 hatte sich dann das Land Niederösterreich durchgesetzt und man schlug das Gut endgültig der Verwaltung der landwirtschaftlichen Schulen der NÖ Landesregierung zu.

Ich kann mich nur mehr ganz dunkel erinnern. Es war während einer meiner Sommerurlaube mit meiner Mutter in Lunz Anfang der 60-er Jahre. Ich muss etwa 10 Jahre alt gewesen sein. Meine Mutter und meine beiden Onkel, Peter und Willy, diskutierten immer wieder sehr heftig über ein Problem. Und immer wieder fiel das Wort: *„Kyrnberg"*.

Wir Kinder wollten nur spielen. Nur ab und zu kamen wir ins Wohnzimmer, weil es da oft gute Plätzchen, Kekse oder ein Stück Apfelstrudel zu kosten gab. Dann verzogen wir uns wieder.

Konnte oder wollte sich die Familie nicht mehr „outen"?

Der Antisemitismus war ja immer noch versteckt virulent.

Oder gab es irgendeinen Druck von Seiten des Landes? Eine Restitution hätte vielleicht einen mittleren Skandal ausgelöst, wenn man draufgekommen wäre, dass inzwischen schon ein guter Teil unter der Hand an „Insider" verkauft worden war.

Anpassung an die Verhältnisse

Alle rechtlichen Versuche einer Restitution Kyrnbergs waren anscheinend im Sand verlaufen oder nicht mit genügend Nachdruck betrieben worden. Meine Mutter war schon lange vorher auf den Hof meines Vaters gezogen und hatte sich in ihr Schicksal gefügt.

Jetzt, wo alle Möglichkeiten einer beruflichen Karriere verbaut waren, - ihr kurzes Landwirtschafts-Studium aus dem Krieg wurde nicht anerkannt und in Lunz hatte mein Onkel die Betriebsführung übernommen - blieb ihr nur mehr die harte Praxis auf einem mittleren Betrieb, gleich neben dem großen Gut Kyrnberg, das einmal ihrer Familie gehört hatte.

Nach dem Krieg war das auch gar nicht so schlecht. Sie war ja mit Leib und Seele bei der Sache. Alle Produkte verkauften sich gut. Der Rossknecht fuhr regelmäßig mit einer Fuhre Erdäpfel in die Stadt auf den Markt, wo er die Ware ablud.

Dann trank er noch ein wenig zu viel und schlief am Heimweg auf dem leeren Leiterwagen ein. Aber die Haflingerpferde, die die 12 km lange Strecke kannten, fanden auch so wieder heim.

Doch mit der Zeit wurde die Landwirtschaft immer mühsamer.

Unser Vater schimpfte ab und zu auf die „Kolchose“ Kyrnberg, diesen Staatsbetrieb, wo die Arbeiter um 6 Uhr Feierabend machen und ihren Gehalt am Monatsende bekommen, während die Bauern viel härter schuften müssen.

Die landwirtschaftliche Schule hatte zwar als solche einen sehr guten Ruf und fast alle Bauern unserer Umgebung konnten dort neue Anbaumethoden, Landtechnik und Betriebswirtschaft erlernen.

Aber es war niemandem klar, wozu man dafür einen Grundbesitz von noch immer 157 ha brauchte, nachdem etwa 70 ha Streubesitz und Bauparzellen inzwischen verkauft worden waren. Noch dazu, wo die durchschnittliche Betriebsgröße in der Umgebung 25 ha nicht übersteigt.

Mit dem zunehmenden Arbeitskräftemangel wurde auch die Arbeit am Hof immer härter. Der Zwang zur Mechanisierung war eine große Herausforderung. Es gab noch keine Maschinenringe und so manche Kleinbauern wurden in die Verschuldung getrieben.

Aber meine Mutter war jeden Tag im Kuhstall, auf den Feldern, im Garten und im Haushalt, ohne zu jammern.

Kartoffelernte am „Restgut Kyrnberg" (Photo meines Vaters)

Ich konnte das damals nicht so beurteilen, ich hatte die Situation, in die ich hineingeboren worden war, ja immer als normal empfunden. Aber rückblickend gesehen, sehe ich diese Tapferkeit als ganz außergewöhnlich für eine Frau, die als Kind in einer Wiener Nobelvilla aufgewachsen und mit ihrem Vater schon mit 6 Jahren im Dampfschiff über die Adria gefahren war.

Sie war, wie gesagt, gleich nach Kriegsende in die ausgeplünderte Villa des der Familie verbliebenen Teils von Kyrnberg gezogen und hatte versucht, dort den Obstgarten und die Wiesen wieder zu bewirtschaften. Jetzt kam ihr die körperliche Kondition, die sie auf ihren zahlreichen Rad-, Wander-, und Skitouren erworben hatte, voll zugute. Dennoch war sie aber auch auf Hilfe angewiesen.

Mein Vater war ein innovativer Landwirt. Als er den ersten Kunstdünger einführte, den ersten Traktor anschaffte, sagten alle, er sei „deppert"!

Sie war die Intellektuelle, die, wenn auch nur kurz, Landwirtschaft studiert hatte und ihr Wissen in die Praxis umsetzen konnte. So passten sie beruflich gut zusammen, privat weit weniger!

Ende 1949 heirateten meine Eltern im Schloss Seehof in Lunz. Meine Mutter zog danach auf den Bauernhof, wo es damals wenig Strom und gar kein Fließwassers gab. Der Misthaufen war noch mitten im Hof und die Hühner liefen frei herum.

Die Villa auf dem „Restgut Kyrnberg", wo sie, nachdem ihre Familie 1933 aus Wien weggezogen war, ihre Kindheit verbracht hatte, und wo es diesen Luxus schon lange gab, wurde an Sommerfrischler vermietet.

Erst als in den 50-er Jahren das zerbombte Grundstück der „Österr. Edel Soja GmbH" restituiert und der geringfügige Erlös auf die Miterben aufgeteilt worden war, konnte man mit dem Geld Wasser in das Bauernhaus einleiten und ein einfaches Badezimmer einrichten. Für mehr reichte es aber nicht.

Das 28 ha große „Restgut Kyrnberg“, mit der Villa, dem Obstgarten, einigen Wiesen und einem kleinen Wald, wurde von nun an vom Bauernhof aus mitbewirtschaftet.

Und so gab es neben den althergebrachten Flurnamen nun auch noch einen „Tennisacker“ zu bebauen, den früheren Tennisplatz der Familie Kupelwieser, gleich unterhalb der „Villa“ an der Straße, der so wieder seiner ursprünglichen Bestimmung zugeführt wurde.

Mitte der 80-er Jahre wurde es dann vom Gemeinschaftsbesitz in Lunz getrennt. Fortan verzichtete meine Mutter auf ihren 1/6 Anteil in Lunz. Dafür gehörten ihr dann in Kyrnberg 28 ha Grund und eine alte, baufällige Villa.

Sie behielt sich aber noch ein Nutzungsrecht an einer Wohnung im Schloss. Auf den ersten Blick ein eher ungleicher Tausch. Doch wenn man die wirtschaftlichen Schwierigkeiten eines Forstbetriebes in den Kalkalpen in Betracht zieht, der viele langfristige Kredite zum Bau von Forststraßen aufnehmen musste, doch nicht so schlecht.

Denn, nachdem sie jahrelang für ihren Anteil in eine eigene Pensionsversicherung eingezahlt hatte, bekam sie, nach der langen, harten Arbeit am Hof, doch noch eine bescheidene Rente zusätzlich zu der meines Vaters.

Die Mutter und ihr Hansi am Traktor. (Nachlass meiner Mutter).

Ich kam regelmäßig im Urlaub nach Hause und meine Mutter ließ es sich dann nie nehmen, im Wohnzimmer auf den Möbeln aus Brioni die Mehlspeise mit Kompott und Kaffee oder Rotwein aufzutischen. Sie interessierte sich auch jedes Mal sehr für meine Arbeit in Afrika und die Weltprobleme im Allgemeinen, trotz der allzu mütterlichen Bedenken um meine Gesundheit und beruflichen Aussichten.

Als ich mich 1998 mit einer muslimischen Senegalesin verheiratete, war sie zuerst skeptisch: *„Kinder seid vorsichtig, wir haben das alles ja schon einmal erlebt!“*

Aber dann hat sie unseren kleinen *„Mischlings-Sohn“* sofort sehr in ihr Herz geschlossen.

Sind wir nicht auch eine gut altösterreichische „Promenaden- bzw. Prominentenmischung“?

Die Restitutionsfrage hatte ich schon fast abgehakt. Ich wollte meine Mutter nicht mehr damit belasten. Obwohl ich das Gefühl hatte, dass da noch viele offene Fragen auf mich warteten….

Warum will man sich eine verkrustete und schlecht verheilte, eitrige Wunde nicht aufschneiden lassen?

Ich glaube einfach, weil man Angst hat, dieselben furchtbaren Schmerzen von damals noch einmal zu erleben. Und weil man es sich gar nicht mehr vorstellen kann, dass die chronischen Schmerzen, an die man sich gewöhnt und mit denen man jahrzehntelang gelebt hat, plötzlich ganz aufhören könnten!

Schmerzen kann man ja angeblich auch dadurch lindern, dass man ihnen keine Aufmerksamkeit mehr schenkt.

Die Aufstellung des Familiensystems

Ich hatte mich in Afrika in meinem Engagement für die Entwicklungshilfe mehr und mehr verausgabt. Hatte ich ein „Helfersyndrom“? War ich ein Krisen-Junkie? Waren die bescheidenen Erfolge überhaupt die viele Mühe wert gewesen?

Ist nicht alles wie ein Tropfen auf dem heißen Stein? Na ja, ich hatte viel erlebt, man beneidete mich darum. Und ich war daran persönlich gereift, hatte die Welt gesehen mit ihren Schönheiten, aber auch mit all ihren Ungerechtigkeiten.

Meine Gesundheit hatte darunter gelitten. Und auch meine Ehe mit einer Senegalesin, der Mutter meines Sohnes.

Und immer stärker verfolgten mich wieder die gelegentlichen Depressionen, die ich schon seit meiner Studienzeit kannte, ohne einen direkten besonderen Anlass.

Ich kam nach Österreich zurück, fühlte mich vereinsamt und unverstanden. Ich wusste mich aber auch zu beschäftigen und arbeitete weiter an Forschungsprojekten über Afrika, gegen Raubbau und Landnahme zur Rohstoffgewinnung und den Anbau von Agrotreibstoffen - ein neuer „smarter“ Kolonialismus - mit der Komplizenschaft der korrupten afrikanischen Eliten.

Ich knüpfte neue Kontakte und Beziehungen. Doch die dunklen Gedanken kamen, vergingen, kamen wieder, ohne dass mir klar war, was es bedeutete. In dieser Situation entschloss ich mich zu einem Seminar über eine „Familienaufstellung".

Anfangs war ich nicht ganz überzeugt davon. Man versammelt Leute, die mit meiner Familie gar nichts zu tun haben in einen Raum und beobachtet ihre Reaktionen, während heikle Themen aus der Vergangenheit auftauchen.

Aber dann stellte man meine Mutter spielerisch-dramaturgisch, aber vor allem intuitiv dar: Wie sie sich nicht von dem Gedanken an ihre völkisch-begeisterte Jugend lösen wollte, und wie sie wegen dem verlorenen Landgut auch ein lebenslanges Bedauern spürte.

In der Theorie der Familientherapie heißt es: Wenn sich Menschen in einem therapeutischen Rahmen als Stellvertreter von Familienmitgliedern hinstellen, können sie sich auf diese Weise ohne Probleme auch in diese hineinfühlen.

Ja, sie empfinden sogar körperliche Reaktionen! Warum und wieso, darüber streiten sich die Psychologen, aber es funktioniert anscheinend.

Denn plötzlich war mir ganz klar: Ich wollte eigentlich nur vollkommen aus dieser Familie ausbrechen, mit ihrem unbewältigten Trauma, den

Schuldgefühlen, den geplatzten Träumen und Sehnsüchten.

In Afrika gab es noch das einfache Leben, so wie auf unserem Bauernhof, die unmittelbare Herausforderung: Wasser und Ernährung für die arme Bevölkerung, Ausbildung von Mitarbeitern, Kampf gegen die Wüstenbildung und Umweltzerstörung. Ich entfloh dem Trauma und wurde zum afrikanischen „Wandervogel".

Aber warum war man immer nur dann mit Liebe und Zärtlichkeit belohnt worden, wenn man sich ganz besonders für etwas angestrengt hatte?

Wollte man uns Kinder nur deshalb in die Welt setzen, damit wir später „etwas werden", um damit das Familientrauma zu überwinden und die verlorene Kupelwieser'sche und Wittgenstein´sche Bedeutung wieder erlangen zu können?

Mehr oder weniger schambesetzte Ereignisse in der Familie, wie die versuchte „Verringerung" der jüdischen Abstammung durch viele Interventionen und die Schuldgefühle wegen der anfänglichen Begeisterung für die „Wandervogel"-Bewegung und den Dienst als „Arbeitsmaid", wurden entweder totgeschwiegen, oder verharmlost. Und wenn, dann wurden sie nur in Form von manchen Anekdoten und Andeutungen weitergegeben.

Und so, wie das individuell Verdrängte irgendwann an die Oberfläche kommt, scheint es auch mit dem Familiengedächtnis zu sein.

Gibt es deshalb jetzt so viele Diskussionen, Publikationen, Filme usw. über dieses Thema nicht nur in Österreich und Deutschland, sondern auch in Frankreich, Italien, Spanien, usw.?

Und während ich diese Zeilen nochmals durchkorrigiere, finde ich einen Artikel, in dem Forscher herausgefunden haben, dass sogar Mäuse unangenehme Erlebnisse an ihre Kinder weitervererben, irgendwie über modifizierte Gene oder Verhaltensmuster. *„Na da haben wir's ja!"*

Aber könnte das nicht auch umgekehrt funktionieren? Wenn wir uns aussöhnen, aussprechen, die unterdrückten Gefühle rauslassen, vielleicht vererben wir dann keine Traumata, sondern eine verbesserte Glücks- und Empathie-Fähigkeit?

Und wäre so ein Erbe nicht mehr wert als viel Geld oder Immobilien?

Aber das ist nun wirklich nicht mein Fachgebiet. Und die Aufarbeitung der Geschichte ist noch lange nicht abgeschlossen.

Die Suche nach Beweisen

In der rechtlich sehr komplizierten Materie der verhinderten Restitution fehlen viele Beweisstücke - oder wurden wahrscheinlich absichtlich vernichtet.

Im Landesarchiv in St. Pölten sind Nachschlagbücher aufgetaucht, also Inhaltsverzeichnisse, woraus hervorgeht, dass von 1955 bis 1965 ein durchgehender Akt zu Kupelwieser und Kyrnberg geführt wurde, aber leider hat man ihn 1974 komplett skartiert, also „zerschnippselt !!“

Ich wollte aber vor allem wissen, was wirklich passiert ist. Wann genau, wo und warum und wer davon profitiert hat. Das ist mein gutes Recht!

Nicht nur als potentieller Erbe, auch als Staatsbürger und neugieriger Zeitgenosse.

Der Staat bekommt ja unsere Steuern, damit er die Rechte seiner Bürger schützt. Wenn er das aber verabsäumt, müsste er dann nicht die Steuern zurückzahlen? Wozu haben wir Archive, wenn dann erst wieder alles verschwindet?

Und wieder sitze ich über den Akten mit den Hakenkreuzen und versuche nun auch noch alle persönlichen Briefe in Kurrentschrift, die ich bisher nicht entziffern konnte, zusammen mit meinem befreundeten Historiker zu entziffern.

Und ich erinnere mich an meine geliebte Großmutter in ihrer Schlosswohnung, wo wir im Sommer und im Winter Urlaub machten, an meine Mutter, die mit mir wandern ging, und an die Haushaltshilfe meiner Großmutter. Ich wurde in Lunz von 3 Frauen verwöhnt! Wo bekommt man das heute noch?

Meine Großmutter musste das Testament ihres Mannes verbrennen. Ihre Kinder mussten ständig um ihren Rechtsstatus bangen und sich vollkommen anpassen. Ans Auswandern, solange das noch möglich gewesen wäre, war nicht zu denken.

Kann man in diesem Zusammenhang überhaupt von rechtstaatlichen Verhältnissen sprechen? Und warum wurden derartig viele Akten vernichtet?

Und warum ist die „Beweislast“ bei mir, und nicht bei der Landesregierung? Im Zweifel für den Gauleiter, den „ehrenwerten Mann“?

Oder bin ich halt immer noch ein „blöder Bua,“ der nichts von komplizierten rechtlichen und historischen Problemen versteht?

Diese Erwachsenen mit ihren Ausreden und Drohungen waren mir eh immer schon suspekt!

Und so werde ich im Gedanken wieder zum Kind mit seinen vielen Fragen, die niemand beantworten wollte.

Die Zeit geht plötzlich rückwärts, wenn man zwischen der Arbeit an Dokumenten ab und zu innehält, sich zurücklehnt und ins „Narrenkastl" schaut. Vergangenheit und Gegenwart verschwimmen, alte Bilder tauchen auf: Meine Großmutter, meine gestressten und verbitterten Eltern, der Bauernhof mit allen meinen Tieren, die toten Soldaten im Obstgarten, der Hund und die Hühner und der verwunschene Wald mit seinen Geheimnissen...

Und so geh ich jetzt ganz einfach hinaus, mit meiner kleinen Freundin aus dem Dorf. Wir spielen „Doktor" im Dickicht, wo die Schwammerln und Erdbeeren wachsen, und wir pinkeln in die schon fast zugewachsenen Schützengräben. - In Afrika meint man, damit böse Geister vertreiben zu können....

Und wir singen *„Fuchs du hast die Gans gestohlen, gib sie wieder her"*, und wir suchen nach süßen Himbeeren, bis wir müde und ganz, ganz schmutzig sind!

Beschönigen, Wegschauen, Verharmlosen?

In der Zwischenzeit wurde von mir ein Antrag an den österreichischen Entschädigungsfonds für Opfer des Nationalsozialismus eingebracht. Die Bearbeitung durch Historiker und Juristen brauchte 8 Jahre Zeit!

Für Juristen zählen aber nur die Fakten. Erinnerungen sind Privatsache und alte Briefe unterliegen außerdem dem Datenschutz.

Ende Juni 2012 wurde dann in einer 120 Seiten langen Entscheidung die zunehmende Bedrohung meiner Familie relativ gut dokumentiert.

Man hatte sich sehr viel Mühe gemacht und auch noch viele Unterlagen zusammengetragen, von denen ich keine Ahnung hatte.

Der Antrag auf Rückstellung des Gutes Kyrnberg und einer gerechteren Restitution bezüglich der Sojafabrik in Wien Schwechat wurde aber dennoch mangels eindeutiger Beweise abgewiesen.

Man argumentierte unter anderem:

„Eine mögliche Rechtsgrundlage für eine Enteignung, die auch in einem Unrechtstaat wie dem nationalsozialistischen notwendig war, wird jedoch nicht genannt."

(Schiedsinstanz für Naturalrestitution, Entscheidung Nr. 853-2012, § 528)

„Ach ja, natürlich..."

„Rechtsgrundlage im Unrechtsregime?" „Klar, eh ganz logisch!". „Wie bitte? Kennst' dich aus?"

Und weiter:

„Wäre die drohende Zahlung der Judenvermögensabgabe zumindest mitursächlich für die Verkaufsabsicht

gewesen, ist nicht nachvollziehbar wieso die unmittelbar Beteiligten in dieser privaten Korrespondenz diese Verpflichtung nicht offen ansprechen sollten?"

(§ 536)

„War also doch eigentlich ganz harmlos, damals, alles, oder?" „Man hätte sich nur wehren müssen…, ganze einfach, wär doch nicht so gefährlich gewesen?"

„und es eben nur klar in den Briefen schreiben müssen...?"

„Den Gauleiter mahnen – und dann klagen..., so einfach wär das gegangen, oder vielleicht doch nicht?"

Und dann weiter:

„Auch kann die Schiedsinstanz keine Erklärung dafür finden, warum die VerkäuferInnen Mathes und Lenz, insbesondere vor dem Hintergrund der gespannten finanziellen Ausgangslage, auf den Kaufpreis bzw. auf die Möglichkeit, im Falle der Nichtzahlung den Rechtsweg zu beschreiten, verzichtet haben sollten.

Auch wenn die ErbInnen Kupelwieser als „Mischlinge I. Grades" keinen vermögensrechtlichen Einschränkungen unterlagen, verkennt die Schiedsinstanz nicht, dass sich ihre Situation, auch aufgrund der Position ihrer Mutter bedeutend schwieriger darstellte, galt es doch auch, sich die Unterstützung des Reichgaus bei der Klärung ihrer „Abstammung" zu bewahren.

Es liegen aber keine Hinweise darauf vor, dass der Reichsgau Niederdonau seine befürwortenden Interventionen im September und Oktober 1940 (Studiums Zulassung Christine Kupelwieser, Antrag auf anthropologische Untersuchung) damit „aufrechnete", seiner vertraglichen Verpflichtung zur Kaufpreiszahlung nicht nachzukommen." (§ 481)

Da fällt mir dazu nur mehr Christian Morgenstern ein: *„Und weil, so schließt er messerscharf, das nicht sein kann, was nicht sein darf!"*

Da kann mir auch der Wittgenstein'sche Tractatus nicht weiterhelfen:

„Was sich überhaupt sagen lässt, das kann man klar sagen; und wovon man nicht reden *kann, darüber muss man schweigen".*

Was meinst du zu dieser „Logik", lieber Großonkel Ludwig, du da oben hinter den Wolken im Nirwana der berühmtesten Philosophen?

Wie dichtete schon Nestroy:

„Es ist jetzt schön überhaupt, wenn man an etwas noch glaubt."

„Und 's ist alles nicht wahr! Und 's ist alles nicht wahr!"

Das Rätsel der „arischen“ Haushaltsplanung.

Eigentlich wollte ich nun meine Geschichte schon abschließen. Manche Freunde hatten mich beglückwünscht, weil ich so viel Material ausfindig gemacht hatte, andere rieten mir, es nun gut sein zu lassen. Es handelt sich um ein außergerichtliches Verfahren, im Prinzip sei alles schon lange verjährt, die Sache sei zu kompliziert usw., usw…

Dass so viele Beweise verschwunden sind und wahrscheinlich absichtlich vernichtet wurden, sei zwar möglich, aber auch das kann man eben nicht mit Sicherheit nachweisen.

Aber da gab es noch meinen engagierten Historiker ganz in der Nähe, der als nunmehr pensionierter Geschichtsprofessor mit seinen Schülern unzählige jüdische Friedhöfe in der Region restauriert hatte, und dann zahlreiche Kontakte zu ausgewanderten Nachfahren in der ganzen Welt wiederbeleben konnte.

Eher durch Zufall kam ich mit ihm in Kontakt. Er interessierte sich sehr für die Geschichte meiner Familie und es war ihm sofort klar, dass es sich hier um einen großen weißen Fleck in der regionalen Geschichtsschreibung handelte.

Ich überließ ihm alle Dokumente und Briefe meiner Mutter, und er erhielt auch die Korrespondenzen der Familie Ruttner aus den Kriegsjahren.

Darunter waren auch noch Briefe in Kurrentschrift, die ich ohnehin nicht gut lesen konnte.

Diese Briefe waren eine Mischung aus ganz alltäglichen Dingen, aber auch sehr zwiespältigen Diskussionen. Von den aus der „Wandervögel-Zeit“ herrührenden Sympathien für den Nationalsozialismus, bis zu den hektischen Bemühungen, den nur mühsam erworbenen, prekären „Mischlings-Status“ zugunsten einer Einstufung als volle „Arier“ wieder loszuwerden.

Es gab aber auch erste kritische Anmerkungen gegenüber dem Regime bei der Behandlung solcher rassischer Grenzfälle, aber auch wenn es um die Südtirol Politik Hitlers und Mussolinis ging, wo massenhaft deutschsprachige Einwohner, die nicht italienisch lernen wollten, zum Aussiedeln gezwungen wurden.

Wegen der Zensur wurden solche Probleme nur in vagen Andeutungen zu Papier gebracht.

Den Namen des Gauleiters kürzte man mit J. ab, den des Bruders des Chefs des Reichsicherheitsdienstes Kaltenbrunner mit Roland K.! Aber zwischen den Zeilen war die Bedrohung spürbar, wenngleich auch die Hoffnung bestand, mit diesen Kontakten vom Schlimmsten bewahrt zu werden.

Es ging auch schon lange nicht mehr nur um die Bezahlung des Kaufpreises für das Gut Kyrnberg, sondern immer mehr ums nackte Überleben!

Aber das schrieb man so nicht in Briefe, die jederzeit geöffnet werden konnten.

Mein Historiker wollte aber eine viel umfassendere Geschichte beginnen: Von der Gründerzeit, der Einheirat in die Wittgenstein-Familie, über die gesellschaftspolitischen Ansätze der sozial motivierten Brüder Carl und Paul Kupelwieser, bis hin zur 2. Republik mit den „Sammelstellen“ und den ganzen Auseinandersetzungen rund um die verschleppten Restitutionsgesetze.

Und deshalb verbrachte er viel Zeit in den diversen Archiven und vor allem auch in der Nationalbibliothek in Wien.

Weil uns das Rätsel um den „Verkauf“ des Gutes Kyrnberg einfach nicht losließ, begann er – einer plötzlichen Intuition folgend - eine Stichwortsuche mit dem Wort „Niederdonau“.

Und siehe da, es kam die gesamte Haushaltsplanung des Reichsgau Niederdonau (heutiges Niederösterreich) für alle landwirtschaftlichen Schulen und die daran angeschlossenen Güter zwischen 1939 und 1943 zum Vorschein.

Und gleich im Haushaltsplan 1939 steht unter „einmalige Ausgaben“:

„Ankauf der Wirtschaft Kupelwieser zur Errichtung einer Viehwirtschaftsschule“.

Aber in der Spalte daneben steht als Betrag für diesen Ankauf nur die Summe von 180 000 Reichsmark.

Im „Kaufvertrag“ mit den Mitbesitzern Kupelwieser, Mathes und Lenz wurde aber eine Gesamtsumme von 311 000 RM genannt!

„Ach du heiliger Bimbam. Fix Sakkra, Krutzikürken, was soll denn diese Frotzelei schon wieder?

Wir überlegten, ob das vielleicht nur eine Anzahlung war, aber dann wär das doch vermerkt worden. Es findet sich in den weiteren Jahren aber kein Vermerk mehr über einen ergänzenden Betrag, geschweige denn von einer Auszahlung!

Im Haushaltsplan 1940 findet man alles noch einmal fortgeschrieben, als geplante, aber immer noch nicht realisierte einmalige Investition.

Da war aber das Gut schon ein Jahr beschlagnahmt und de facto vom Gau bewirtschaftet!

Ich nahm mein Handy und schaltete es auf die Taschenrechner Funktion. Die Kupelwiesers, je nach den Wittgenstein´schen Interventionen einmal als „Dreiviertel“-, dann wieder als „Halbjuden“ eingestuft, besaßen 5/12 des Gutes, die „arischen“ Mitbesitzer Mathes und Lenz zusammen 7/12 Anteile.

Und bei den „Verkaufsverhandlungen“ des bereits beschlagnahmten Gutes mit den Beamten des

Gauleiters im Juni 1939, kam man nach langen Diskussionen – laut dem Rechtsanwalt der Familie - zu einer Einigung *„nicht ohne versteckte Drohungen, dass man das Gut ja auch enteignen könnte"*, auf einen Preis von 310 000 Reichsmark.

Wenn man diesen Betrag durch 12 dividiert und mit sieben multipliziert, ergibt es 180 833 RM als Anteil eben nur für die arischen Teilhaber!

Hatte der Gauleiter von Anfang an ein perfides doppeltes Spiel gespielt? Einerseits gab er seinen Beamten den Auftrag, so zu tun, als ob es sich um einen ganz normalen Verkauf handeln würde, und andererseits plante er von vorneherein nur den Anteil der arischen Mitbesitzer zu begleichen, eben streng nach den damaligen Nürnberger Rassegesetzen.

„Verflixt und zugenäht, diese arische-narrische Verarsch-Mathematik macht mich noch wahnsinnig!"

In einer Korrespondenz zwischen der Gauleitung und dem Innenministerium im Februar-März 1941 erwähnt man, dass zu diesem Zeitpunkt noch nicht einmal der Haushaltsplan von 1940 genehmigt worden war und verlangt für den von 1941, wegen der „Sicherstellung der Mittel für die Reichsverteidigung" allergrößte Sparsamkeit!

Alles deutet darauf hin, dass es sich bei dem Zwangsverkauf von Anfang an um den ausdrücklichen Willen des Gauleiters handelte, der sich ja schon 1938 für eine rassenbiologische „anthropologische Untersuchung“ der Gesichtsmerkmale der Kupelwieser-Kinder eingesetzt hatte und dafür natürlich eine Gegenleistung erwartete:

Ein Landgut gegen die Kupelwieser-Gesichter-Vermessung, ein interessantes Geschäftsmodell!

Die versteckten Drohungen, die Besuche seines Rechtsanwaltes bei der jüdischen Mutter der Kinder, die darauffolgende Beschlagnahmung Mitte 1939, alles lief darauf hinaus und ergibt eine zusammenhängende Indizienkette.

Nachdem die Familie noch überlegte hatte, das Gut in Lunz am See zu verkaufen, um die vielen Schulden und die übergroßen „Sühneabgaben“ (Judensteuer) begleichen zu können, wurde sie dann unter Druck Opfer einer gezielte Täuschung!

Die Lösung des Rätsels liegt vielleicht auch in der „Sicherstellung“ der Reichsfluchtsteuer durch die Vermögensverkehrsstelle.

Wie aus neu aufgetauchten Akten in einer Diplomarbeit über unsere Familie (Gruber, V. 2012 othes.univie.ac.at/19666/S.54) hervorgeht, hätte der Gauleiter möglicherweise die Verbindlichkeiten gegenüber dieser Nazi-Raub-Agentur, die all diese rassistischen Steuer-Einnahmen verwaltete, bereits übernommen. Die Rede ist von einer Abtretung des Vermögensverzeichnisses Kupelwieser durch den Staatskommissar der Privatwirtschaft an den

Gau, noch vor der Unterzeichnung des Kaufvertrages! Jury hat also hier wirklich ein doppeltes Spiel gespielt. Einerseits wurden „Verkaufsverhandlungen" geführt, andererseits war das Gut Kyrnberg bereits dem Gau definitiv einverleibt.

Es deutet also alles auf einen nicht beglichenen Zwangsverkauf hin.

Auch ich verneige mich tief vor den vielen Opfern dieses einzigartigen Zivilisationsbruches in Europa, doch es geht zusätzlich um die Entzauberung der rassistischen Nazi-Ideologie.

Es wurden nationalistische Politiker und Beamte in kürzester Zeit zu hemmungslosen Selbst-Bereicherten! Diese triviale Motivation wird oft durch die KZ Gräuel überdeckt.

Schließlich hatte der Gauleiter so seine Repräsentations-Spesen, fuhr große teure Limousinen, organisierte Jagdausflüge und verwöhnte sein kokettes Sopran-Opernsternchen.

Der Reichsstatthalter in Niederdonau

Eingeschrieben

Luftpost

IV a 4 - 148/37 - 42

Wien, am 16. Dezember 1942

Beilagen:

An

das Reichspatentamt

Berlin SW 61

Gitschinerstr. 97-103

Betrifft: Übernahme in die Warenzeichenrolle
Gervaiskäse der Gutswirtschaft Kyrnberg.

Auf Grund der Mitteilung der Industrie-und Handelskammer Wien, I., Stubenring 8-10 betreffend Bestimmungen der Ostmark-Warenzeichenverordnung vom 18. Jänner 1942 ersuche ich um Übernahme des Warenzeichens "Gervaiskäse", wenn noch nicht erfolgt, in die Warenzeichenrolle des Reichspatentamtes.

Die seinerzeit von der Gutswirtschaft Kyrnberg des Reichsgaues Niederdonau, Post Pyhra, Kreis St. Pölten, (früher Kupelwieser gehörig) betriebene Käseerzeugung (Gervais-Käse) will ich nach dem Krieg unter allen Umständen aufrecht erhalten.

Mangels Unterlagen bin ich leider nicht in der Lage. bis zum 31.12.1942 die erforderlichen Angaben zur Übernahme in die Warenzeichenrolle zu erbringen.

Als Zeicheninhaber beantrage ich daher die Übernahme des Warenzeichens "Gervaiskäse "welches bei der Industrie-und Handelskammer unter Nr. 64.100 u. 70187 in Wien registriert ist, in die Warenzeichenrolle.

Um alle notwendigen Unterlagen erbringen zu können, ersuche ich daher um ~~Fristverlängerung bis zum~~ 31.III.1942.

Im Auftrage:

Brief des Gauleiters an das Patentamt, um sich persönlich die Patente der Käseproduktion zu sichern. (NÖ Landesarchiv).

Eine solche äußerst triviale Seite muss aufgezeigt werden in Zeiten, in denen schon wieder Glatzköpfe in Lederstiefeln aufmarschieren und Burschenschaften für ihre Mitglieder „Arier-Nachweise“ verlangen, um die „Reinheit des Blutes“ zu bewahren.

So ein „Mischlingsausweis“ war damals eine Frage von Leben oder Tod, Enteignung oder Vertreibung. Aber auch nur ein vorübergehender prekärer „Schutz“.

Eben, wie meine Mutter am Herd in der Küche beim Suppenkochen doziert hatte: *„Dreivierteljuden sind Volljuden, haben sie gesagt, und die müssen ins KZ!“*

Und ich stand dabei, die Suppe roch so gut und das Wasser rannte mir im Mund zusammen. Und was konnte das schon gewesen sein: „Juden, KZ, Gauleiter“.

Und die *„ganze depperte, verschissene, verhurte, dreckige Nazi-Saubagage“*, wie mein Vater in seinem Groll hinzufügte.

Was verstand ich denn schon von dieser blöden Welt?

Die Moral aus dem Morast der Geschichte

Die Geister der Vergangenheit, sind sie immer noch da? Leben sie nicht nur in den Archiven weiter, sondern auch in unserem Unterbewusstsein?

Jean Paul Sartre sagte: *„Ich bin meine Vergangenheit“*. Aber ich bin auch Teil einer familiären Geschichte. Und solange diese im Dunkeln bleibt, ist gut munkeln für die Verharmloser.

Und schleichen sie sich vielleicht noch immer in so manche Beurteilung zeitgeschichtlicher Ereignisse ein? Und in unsere Angst gegenüber der „Obrigkeit“, unsere Angepasstheit mit all den depressiven Launen und Abwehrmechanismen?

Soll man da lieber nicht daran rühren? Wer weiß, was da noch alles ins Rollen kommt? Doch wundern wir uns dann bitte nicht, wenn orientierungslose Jugendliche sich wieder für so was interessieren!

Aber habe ich denn überhaupt das Recht daran zu rühren? War doch nicht auch meine Mutter eine begeisterte „völkisch Bewegte“, und hat sogar dem Hitler die Hand geschüttelt?

Na ja, bis auf ihren Onkel Boris hätten ja alle überlebt?

Diese Geschichte zeigt uns: Wenn fanatische Regierungen an die Macht kommen, kann man auch schnell unter die Räder kommen, obwohl man sich anfangs zugehörig fühlt!

Als ich meine Mutter einmal fragte, warum die Nazis so schlimm mit den Juden verfuhren, sagte sie mir, das habe sie sich damals auch gefragt. Man hätte ihr nur geantwortet: *„Wo gehobelt wird, da fallen Späne"*. Dass ihre Familie um ein Haar bei den „Spänen" gelandet wäre, ist bittere Ironie.

Heute gibt es andere totalitäre Strömungen, und auch wieder neofaschistische Anschläge gegen Juden, Emigranten usw. In der Pubertät suchen Jugendliche nach Vorbildern und vereinfachten „Lösungen." Manche kommen aus armen, andere sogar aus „gutbürgerlichen", aber emotional verwahrlosten Verhältnissen.

Verbotsgesetze sind da vielleicht manchmal notwendig, aber wesentlich sinnvoller sind familiäre Aufarbeitungen, ohne individuelle Beschuldigungen, gegen Verdrängungen und für mehr Toleranz.

Das geht aber nur, wenn sich die wissenschaftlichen und rechtlichen Instanzen einer Gesellschaft ebenso verhalten und nicht die, unter Druck zustande gekommenen „Rechtsgeschäfte" der Nazis verniedlichen.

Wir brauchen eine wirklich umfassende Erinnerungskultur aus einem Guss, die diese Zusammenhänge aufzeigt, damit die Opfer nicht umsonst gestorben sind.

Die langen Nachforschungen haben mich selber ganz unbemerkt verändert. Oft wollte ich alles hinschmeißen. Dann packte mich die Neugier wieder und es tauchten verschüttete Erinnerungen auf. Debatten, Gejammer, Flüche, deren Sinn ich erst viel später verstand.

Ob bei den ewig langen Prozeduren zur Entschädigung was herauskommt, bleibt eine offene Frage. Ob mir dann was zusteht, obwohl so viele Akten vernichtet wurden, aber alle Indizien darauf hinweisen, werden die zuständigen Instanzen entscheiden.

Viel wichtiger ist es aber für mich, die Mechanismen der Macht und der Bedrohung durch die Nazis am Beispiel der eigenen Familie nun genauer zu durchschauen und als Lehrbeispiel in diesem Buch publik machen zu können. Damit auch unsere Kinder daraus lernen und hoffentlich vor ähnlichen Schicksalen bewahrt werden.

„Himmel Herrgott, weil's wahr ist"!

BRIONI UND MUSSOLINI – ENTEIGNUNG AUF ITALIENISCH

- Die andere Kupelwieser-Story.

Luftaufnahme von Brioni 1914, ganz im Hintergrund die Villa Punta Naso oder Villa Bertha, die meiner Urgroßmutter gehörte (Otto Lenz, Spaziergänge in Brioni, 1924).

Der Bruder meines Urgroßvaters, Paul Kupelwieser, hatte eine malariaverseuchte, unbewohnbare Inselgruppe an der Adria mit seinen Ersparnissen und einem großzügigen Kredit seines Bruders Carl Kupelwieser erworben, Hotels und Luxusvillen errichtet und die Inseln in kürzester Zeit in einen Nobelkurort verwandelt.

Mit Hilfe des berühmten Arztes Robert Koch wurde die Malaria ausgerottet, es wurden Sümpfe trockengelegt, oder Fische eingesetzt, die Moskitos fraßen, Teile der Inseln aufgeforstet und mit der Hilfe des Freundes Hagenbeck ein Zoo mit exotischen Tieren, wie Elefanten und eine „Affenakademie“ eingerichtet.

Der ehrgeizige und protzige Thronfolger Franz Ferdinand kam oft mit seinem ganzen Hofstaat auf Urlaub und belegte den Großteil der Luxusvillen.

Er wollte die Inseln meinem Urgroßonkel zum Schnäppchenpreis abpressen, woraus aber wegen der Heißblütigkeit eines serbischen nationalistischen Studenten 1914 nichts mehr wurde, was in der Folge nicht nur die Monarchie, sondern fast die ganze Welt in einen mörderischen Krieg führte, wie man weiß.

Nach dem ersten Weltkrieg fiel ein Großteil Istriens an Italien. Der Sohn des Urgroßonkels, Karl Kupelwieser, hatte mit großen finanziellen Problemen zu kämpfen und musste gegen die italienischen Behörden einen Prozess wegen angeblicher Kreditschulden führen.

Paul Kupelwieser (Otto Lenz, Spaziergänge)

Anscheinend hatte man ihn nach dem verlorenen 1. Weltkrieg beschuldigt, einen Kredit, der noch während des Krieges aufgenommen worden war, nicht ordnungsgemäß zurückgezahlt zu haben. Es ging um Wechselkursprobleme, aber auch um ausständige Reparationszahlungen für den verlorenen Krieg.

Es gibt noch Dossiers in Archiven von italienischen Banken, die darauf warten, bearbeitet zu werden.

Aber auch die österreichische Schöllerbank soll, nach der mündlichen Überlieferung der Familie, eine unrühmliche Rolle gespielt habe.

Nach dem Börsenkrach 1929 verübte Karl, der älteste Sohn Paul Kupelwiesers, Ende 1930 den Freitod. Er erschoss sich mit seinem Jagdgewehr. Wobei aber auch persönliche Umstände (seine erste Frau war mit einem amerikanischen Admiral durchgegangen, dann hatte er die Postmeister-Tochter Elda Lonzar geheiratet) und Schicksalsschläge (ein Blitzeinschlag, der alle Pferde für die Polo-Spiele tötete) eine Rolle spielten.

Manfred Mautner Markhof sen. und meine Tante Maria, genannt „Pussy", Enkelin Paul Kupelwiesers. (Archiv Schönborn-Buchheim)

Danach fiel das Erbe an die drei Töchter seines Bruders Leopold, genannt „Lony", der sich mit Alimentationszahlungen zufrieden gab, da er von seiner Familie getrennt mit seiner zweiten Frau lebte.

Seine älteste Tochter, unsere Tante Maria, genannt „Pussy", heiratete dann Manfred Mautner-Markhof in Brioni.

Mit ihrem Sohn, Manfred Mautner-Markhof jun., der noch in Brioni geboren wurde und welcher jeden Sommer dorthin auf Urlaub fuhr, traf ich mich 2005 in Wien. Leider verstarb er erst vor kurzem.

Auf die Frage, ob er etwas über die Enteignung Brioni's durch Mussolini wüsste, antwortete er mir nur:

„Wissen Sie, in unserer Familie wurde nie über diese Dinge gesprochen!"

Dabei hatte aber sein Vater mit selbigem Namen und dem eindrucksvollen Backenbart (*auf Grund dessen er von Kennedy auf einem Empfang in Wien 1962 für einen Sohn des Kaisers gehalten wurde*) darüber ausführlich in seinen Memoiren geschrieben:

Der Prozess über die ordnungsgemäße Rückzahlung eines Kredites, der noch in der Monarchie aufgenommen wurde, hatte sich fast 20 Jahre hingezogen, und endete zuerst mit einem positiven Urteil für die Erben Paul Kupelwiesers.

Mussolini hatte aber einen halbmeterdicken Akt bezüglich des Gerichtsurteils zugunsten unserer Familie willkürlich durchgestrichen, und damit den Konkurs und die Enteignung der Adria-Inseln eingeleitet oder zumindest beschleunigt.

Brioni wurde 1936 italienischer Staatsbesitz, kam 1944 in den Frontbereich zwischen Deutsche und Amerikaner. Viele Hotels wurden zerstört. Und dann wurde die Insel zum Sommersitz von Marschall Tito.

Der jüngere Bruder Karl Kupelwiesers, der „Lony" genannt wurde, sah sich durch die Beschlagnahmung Brionis gezwungen, den Familienbesitz seiner Familie in Pörtschach in den 1930-er Jahren zu verkaufen, um einen Teil der Schulden an die Erben meines Urgroßvaters zu begleichen, der ja seinem Bruder Paul vor dem Krieg sehr viel Geld zum Ausbau von Brioni geborgt hatte.

Dies erfuhr ich aus Andeutungen meines Onkels in Lunz, es finden sich keine Unterlagen darüber. In diesen krisenhaften Zeiten am Anfang der 30-er Jahre waren dies aber sicherlich Notverkäufe, die wahrscheinlich nur einen Teil der Schulden wettmachen konnten.

Mit seinen Töchtern und seiner ersten Frau Anna Hiller-Kupelwieser, die Brioni noch bis 1935 gegen allen Unbill weitergeführt hatte, gab es nach einem langen Gerichtsprozess einen innerfamiliären „Generalausgleich".

Hydroplan Junkers im Hafen von Brioni. Mit dem flogen meine Tante „Pussy" und ihr Mann 1926 zur Hochzeit nach Venedig.

In dem Durcheinander der alten Briefe meiner Mutter befindet sich ein einziger Brief von „Lony" an meinen Großvater, datiert mit dem 12. November 1932. Ohne die Zusammenhänge genauer zu kennen, kann man ihn schwer interpretieren.

Es ist von einem dramatischen Gerichtsverfahren zwischen seiner Schwester und der Witwe Karl Kupelwiesers, Elda einerseits, und seinen drei Töchtern, darunter meine Tante „Pussy" andererseits die Rede.

Anscheinend hatte „Lony" dann zugunsten seiner Töchter und seiner Ex-Frau und Brioni-Managerin, gegen eine „Alimentation" auf seine

Anteile an Brioni verzichtet. Ob seine Schwester und Elda, die Witwe seines Bruders, dann dafür die anderen Liegenschaften, die Paul Kupelwieser am Festland Istriens besessen hatte, bekamen, geht nicht direkt aus dem Brief hervor, ist aber vermutlich Teil dieses Ausgleichs.

Elda führte dann aber noch den Titel „Baronessa Elda Lonzar Kupelwieser" und vertrat 1957 die Interessen der Exil-Istrianer in Italien. Als solche war sie Stellvertretende Leiterin der Exil-Gemeinschaft Istriens und bis 1960 Mitglied einer interministeriellen Kommission über die Entschädigung herrenloser Güter.

1972 legte sie ihre Funktionen zurück. Das geht aus einer lakonischen Eintragung in einer Chronik des Triester Historikers Aldo Cherini, über dic Aktivitäten der Exil Istrianer im Internet hervor. Dem sollte man vielleicht näher nachgehen!

Brioni scheint aber dabei kein Thema mehr gewesen zu sein, da es als nunmehr jugoslawischer Staatsbesitz von Italien aus vollkommen unantastbar war.

Es ging hier wahrscheinlich um die Grundstücke an der Bucht von Medolino, die damals von Paul Kupelwieser aufgekauft wurden, um einen modernen Hafen zu errichten. Dieses Projekt war aber am Widerstand der Bürokraten in Wien gescheitert.

Doch die Immobilien waren noch da, wie der emeritierte Wirtschaftsprofessor Josef Mugler in seiner genauen Recherche über unseren Großonkel nachgewiesen hat. *(J. Mugler: Paul Kupelwieser und sein Themenpark, Ausstellungskatalog Wien Museum).*

Istrische Mädchen auf Klippen, Gemälde von Großtante Ida Kupelwieser-Lenz (Archiv Schönborn Buchheim)

Ob die „Baronessa" mit ihren Restitutionsforderungen jemals Erfolg hatte, geht aus der Chronik Cherinis nicht hervor. Sie starb 1981 in Italien.

1960 wurden dann Manfred Mauthner-Markhof und seine Frau „Pussy" von Tito als Gäste nach Brioni eingeladen, was meine Tante sehr berührte und worüber sie einen seitenlangen Brief an ihre Freundin Mitzi Lenz, der Tochter des damaligen Kurarztes von Brioni schrieb.

An eine Restitution war aber in diesen Zeiten überhaupt nicht zu denken. Man müsste die Korrespondenzen und Bilanzen in den italienischen Ministerien und Banken ausfindig machen, um zu berechnen, welchen Anteil die Schulden, auf der Basis des Gerichtsurteiles von 1935 – und nicht der willkürlichen Entscheidung Mussolinis - am Konkurs Brioni's hatten, und welcher Wert der Immobilien (Grundstücke, Betriebe, Hotels etc.) dem gegenüber standen?

Professor Josef Mugler berichtet, dass der ursprüngliche Kaufpreis 75 000 Gulden betrug, das wären heute etwa 700 000 Euro.

Aber wurde die Wertsteigerung der zahlreichen Inseln durch die vielen Investitionen Kupelwiesers vor dem ersten Weltkrieg, und danach durch die Aktiengesellschaft überhaut in irgendeiner Weise berücksichtigt?

Dank der Übergabe persönlicher Dokumente aus dem Familienbesitz der Mautner-Markhofs durch die Tochter meiner Tante, meine entfernte Cousine und Urenkelin Paul Kupelwiesers, Christiane Schönborn-Buchheim in die Handschriftensammlung der österreichischen Nationalbibliothek konnte ich mir darüber ein ungefähres Bild machen, wobei aber noch immer viele Fragezeichen bestehen.

Neubeginn mit Hindernissen.

Nach dem Tod Paul Kupelwiesers 1919 erbten seine Söhne die Insel. Zur selben Zeit begann die Verschuldung. In Wikipedia steht nur Folgendes, leider allzu Vereinfachendes:

Sein Sohn Karl (1872 - 1930) setzte das Werk auf den seit Ende des Ersten Weltkrieges italienischen Inseln im Sinne des Vaters fort. So ließ er etwa ein Spielbank-Casino und den ersten 18-Loch Golfplatz in Europa bauen. Mit der Errichtung eines Poloplatzes, dem Bereithalten von Polopferden und dem Ehrgeiz, der elitären Welt hier alles Wünschenswerte anzubieten, übernahm er sich finanziell.

Mit dem Einbruch der Weltwirtschaftskrise geriet das Unternehmen Brioni in Schwierigkeiten. Nachdem Karl Kupelwieser sich 1930 erschossen hatte, erfolgte der Niedergang und 1936 fiel sein Eigentum an Italien.

Pauls zweiter Sohn Leopold, „Lony" Kupelwieser verfasste im Juli 1919 eine Schrift:

„Die Aktiengesellschaft Brioni", im Auftrag des Familienrates, Brioni-Wien Juli 1919.

(Sammlung Kupelwieser, ÖNB Handschriftensammlung Code Nr. 53034)

Daraus geht eine detaillierte Aufstellung der finanziellen Situation und der Ausbaupläne nach dem Krieg hervor.

Um dem drohenden Konkurs vorzubeugen wurde vorgeschlagen, Brioni in eine Aktiengesellschaft umzuwandeln.

Der Wert der Immobilien wurde auf 20 000 000 Lire geschätzt. Man brauchte nun zusätzlich frisches Kapital von 6 000 000 Lire. Durch Einbringen der Objekte würde das ein Gesamtkapital von 26 000 000 Lire ergeben. Davon sollten die Besitzer, d.h. die Familie Kupelwieser einen Anteil von 20 000 000 Lire erhalten, 17 000 0000 in Form von Aktien und 3 000 000 in bar.

Die AG sollte zu 75% aus „italienischem Kapital" bestehen, und zwar zu 50% aus dem der Familie Kupelwieser und zu 25% aus anderem Kapital, d.h. Aktien im Wert von 6 500 000 Lire.

Zu 25% sollte die AG über Aktienausgabe in die Hand von englischem oder amerikanischem Kapital, oder anderer Konzerne übergehen.

Ehrgeizige Ausbaupläne:

Ein großer Plan zur Erneuerung von Brioni sollte zuerst einmal die Kriegsschäden beseitigen. Sodann wollte man die Unterbringungs-Kapazität von 300 Zimmern auf 900 Zimmer verdreifachen.

Entlang einer 17 km langen Küstenlinie sollten Kurorte und Villenkolonien entstehen.

Dabei wollte man auch einen genauen Bauplan aufstellen, um so ein „Zusammenschachteln“ zu verhindern. Außerdem wollte man von der rein elitären Klientel wegkommen und auch dem Mittelstand und den älteren Leuten Erholungsmöglichkeiten bieten.

Der Erwerb neuer Inseln: Taronda, Gaza, Ozera, Cossada, sowie zweier Privatvillen in der Bucht von Madonna sollte stattfinden. Dazu auch der Ankauf des militärischen Festungsterrains und der Lokalitäten des früheren Yachtgeschwaders.

In der Bucht von Madonna an der Westküste sollte ein Kurort „Madonna“ mit 200 Zimmer und drei weitere Kurorte entstehen. Eine Brücke sollte Brioni Grande mit Brioni Minore verbinden, denn dort war ein weiterer Kurort geplant.

Badende Mädchen von Maximilian Lenz. (Dissertation Buchner-Kopper)

Darüber hinaus dachte man an die Errichtung einer „Handelsblumen-Kultur", den Ausbau der Weinkellereien durch Zulieferung von hochwertigen Sorten aus dem Festland, die dann im Raum Venedig vermarktet werden sollten.

Die Rentabilität sei schon allein durch die damals vorhandenen 300 Zimmer gewährleistet, die 423 000 Kronen bis 600 000 Lire/Jahr einbrächten. Sodann überlegte man auch die Zulassung anderer Hotelgesellschaften, sowie Einnahmen aus Schifffahrt und Verpachtung.

Ein Hinweis von „Lony“ Kupelwieser trübt allerdings diese damals sicher allzu optimistischen Annahmen schon im Vorhinein:

„Alle österreichischen Unternehmungen auf den Gebieten der ehemaligen Monarchie, die jetzt den Siegermächten zugeschlagen wurden, sollen zur Kriegsentschädigung herangezogen werden. Für Brioni sollte solch eine Entschädigungszahlung durch Obligationsanleihen getilgt werden“.

Somit wurde die äußerst schwierige Situation nach dem Krieg noch zusätzlich durch solche Zahlungen erschwert.

Brioni wurde nun zu einer Aktiengesellschaft, und statt der k&k *„haute volée“* kamen nun mehr italienische, deutsche sowie englische und amerikanische Touristen. Es gab wieder viele Poloturniere und die Zimmer waren durchaus ausgelastet.

Ein Familienbetrieb als mondäne Absteige

Die ganz großen neuen Investitionen kamen aber nicht mehr zustande. Wahrscheinlich lasteten die Entschädigungszahlungen schwer auf dem Budget.

1926 heiratete der junge Bierfabrikant Manfred Mautner-Markhof die älteste Tochter Maria Anna, genannt „Pussy" Mautner-Markhof in Brioni. Sie war die Tochter von „Lony" und zukünftige Miterbin der Insel AG. Ihre Mutter Annie Kupelwieser, geb. Hiller, führte fast im Alleingang das große „Grande Hotel", nachdem ihr Mann sich von ihr getrennt, und eine andere Frau geheiratet hatte. Man hatte aber genügend Gäste, um sich über Wasser zu halten.

Manfred Mautner-Markhof schreibt in seinen Erinnerungen:

„Die zunehmende Mondänität und das langsame Bekanntwerden der Insel zwischen den beiden Kriegen brachte es mit sich, dass man dort immer wieder bedeutende und äußerst bekannte Menschen antreffen konnte". Er erwähnt unter anderen:

„Lord Mountbatten, Baron Louis Rothschild, Fürst Otto Windisch-Graetz, sowie George Bernhard Shaw und Richard Strauss" als persönliche Gäste seiner Schwiegermutter.

„Statt der k&k Kriegsmarine legte nun die englische Flotte im Hafen von Brioni an und „Cocktails, Soupers und Bälle lösten einander ab".

Der Plan, Brioni auch für mittelständische und alte Menschen auszubauen, blieb aber dagegen in der Schublade.

Dazu kam auch eine gewisse Spannung zwischen den italienischen Militärs auf der Insel und den alteingesessenen Österreichern, bzw. den Kroaten. Die Militärs gingen sogar im Tierpark auf die Jagd, und verhielten sich sehr arrogant.

Tante Maria „Pussy" schreibt in einem Brief an eine Freundin, dass man immer über die Kupelwiesers als die *„bösen Austriaci"* schimpfte.

Polospiel in Brioni (Otto Lenz, Spaziergänge)

Finanzielle Probleme und politische Einflussnahme

Dann brach, nach den insgesamt goldenen 20-er Jahren, am schwarzen Donnerstag dem 24. 10. 1929 die Weltwirtschaft vollkommen zusammen.

Es scheint eine Tragik der Geschichte zu sein, dass die Familie von Paul Kupelwieser, die im 19. Jahrhundert durch den Kapitalismus (Eisenindustrie, Aktien), aber auch mit viel Fleiß und Phantasie groß geworden ist, mit dessen größter Krise wieder zugrunde gerichtet wurde. Die Konstituierung Brionis als Aktiengesellschaft hatte zwar den Wiederaufbau nach 1919 ermöglicht, erwies sich aber nun als Bumerang, als diese Aktien in den Keller rasselten.

Dazu kamen familiäre Probleme, und zu allem Überdruss ein Unwetter, bei dem der Blitz in den Stall der Polopferde einschlug, wodurch alle auf einem Schlag getötet wurden. Der Freitod Karl Kupelwiesers im Dezember 1930 war durch all diese Probleme zu erklären, und nicht so sehr durch übermäßige Investitionen in den Polosport auf der Insel. Denn nach seinem Tod wurde der Hotelbetrieb noch 5 Jahre erfolgreich weitergeführt.

(Die Zukunft Brionis.) Die Brioni-Aktiengesellschaft schreibt uns: „Da das plötzliche Hinscheiden unseres Verwaltungsrates, des Herrn Karl Kupelwieser, eine Reihe unrichtiger Mitteilungen zur Folge hatte, erlauben wir uns, um die Veröffentlichung der nachstehenden Zeilen zu ersuchen: Die Bemühungen des Herrn Karl Kupelwieser, Brioni zu einem führenden Weltkurort und Sportzentrum zu gestalten, waren vom vollsten Erfolge gekrönt, der insbesondere in dem Besuch der letzten Monate des heurigen Jahres und der Qualität des Publikums seinen Ausdruck fand. Die Gästezahl überragte die der Vorjahre ganz wesentlich und wies eine Höhe auf, wie sie seit Bestand Brionis nie erreicht wurde. Der finanzielle Erfolg des Unternehmens entsprach vollkommen dieser Höchstfrequenz. Das Unternehmen ist derzeit im Besitze der gefertigten Gesellschaft, mit einem Aktienkapital von 10,000.000 und wirklichen Reserven von über 2,300.000 Lire. Der Hotelbetrieb, ebenso wie alle in Brioni geübten Sportbetriebe, erleiden durch das Hinscheiden unseres Verwaltungsrates Karl Kupelwieser keine wie immer geartete Einschränkung, werden vielmehr im vollen bisherigen Umfange weitergeführt."

Zeitungsauschnitt über die Zukunft Brionis nach dem Tod Karl Kupelwiesers (ÖNB, Sammlung Kupelwieser).

Aber die nächste Bedrohung war schon in Sicht. In Italien regierte seit 1922 Benito Mussolini.

Nach anfänglichen sozial- und umweltpolitischen Erfolgen: Trockenlegung von Sümpfen, Bekämpfung der Malaria in Süditalien mit der Methode, die Robert Koch einige Jahrzehnte vorher bei einem gewissen Paul Kupelwieser in Brioni entwickelt hatte, gelüstete es ihn immer mehr nach mondänem und imperialen Ambiente.

Das „Wiener Salonblatt“ schreibt am 7. 12. 1930 über den Tod Karl Kupelwiesers und sein Begräbnis auf Brioni:

„Obwohl er bestimmt hatte, mit größter Einfachheit begraben zu werden, war die Totenfeier von überwältigender Größe. Faschisten trugen seinen Sarg, ihm die letzte Ehre zu erweisen.“ *(ONB, Sammlung Kupelwieser, Code Nr. 53029, Blatt 12)*

Karl Kupelwieser.
Photo Szentiványi, Brioni.

Karl Kupelwieser (Wiener Salonblatt 1930),ebenda.

Damals war das anscheinend noch nichts Anstößiges, sondern nur eine normale Bezeichnung für diese paramilitärischen Kompanien, die eben auch in Brioni schon stationiert waren, und dem pompösen Begräbnis eine offizielle Note geben sollten, obwohl die Beziehungen der Familie Kupelwieser zum faschistischen italienischen Staat schon mehr als getrübt waren.

Insofern war es wirklich die allerletzte „*Ehre*", die Karl Kupelwieser und seiner Familie von den Faschisten erwiesen wurde, bevor man sie ganz aus Brioni vertrieb!

Dazu aus den Erinnerungen von Manfred Mautner-Markhof :

„Der amerikanische Börsenkrach 1929 brachte katastrophale Ausfälle im Besuch der Hotels. Aber nicht nur das war Grund zu großer Sorge, auch ein seit dem Jahre 1919 laufender Prozess wegen der Rückzahlung eines großen Darlehens, das noch während des 1. Weltkrieges aufgenommen worden war, nahm einen wechselvollen Verlauf. Nachdem unsere Prozessgegner viermal gewechselt hatten, stand uns letzten Endes der italienische Staat gegenüber. Nach sehr schwierigen und von Dipl. Ing. Cunoldi (dem damaligen Verwalter) glänzend geführten Verhandlungen war es dann soweit, dass in einem fast 2-stündigen Gespräch, das Cunoldi und ich in Rom mit dem damals zuständigen Minister Suvich führten, die zeitgerechte Rückzahlung des umstrittenen

Darlehens anerkannt wurde und damit alles bestens erledigt erschien.....“

„Genau 10 Tage nachher kam die Hiobsbotschaft, dass alles verloren sei!“

Gleich wieder in Rom zurück, schreibt Markhof, dass ihm: ... *„der damalige Minister Buffarini den halbmeterdicken Akt zeigte, der Mussolini vorgelegt werden musste, welcher mit Blaustift...quer über den Akt „un brutto scherzo“ geschrieben hatte.“*

„Nach der herrschenden faschistischen Rechtsauffassung war damit endgültig und inappellabel der Übergang Brionis in italienische Staatshände entschieden. Nach Kriegsende ging ganz Istrien, und damit auch Brioni an den jugoslawischen Staat. Damit fiel jede Regressmöglichkeit an Italien wegen erlittener faschistischer Unbill ins Wasser.“

(Manfred Mautner-Markhof, Haltestellen und Stationen in meinem Leben“. Guardaval Verlag, Wien 1978, S. 28-29)

Es war also kein plötzlicher Konkurs, sondern ein schleichender Niedergang in Zuge einer faschistischen Beschlagnahmung der gesamten Brioni Inseln!

Der erwähnte Fluvio Suvich kam übrigens aus einer jüdischen Triester Familie, hatte in Graz vor dem ersten Weltkrieg studiert, sich dann den Faschisten angeschlossen und 1934 Dollfuss die Ausschaltung der Demokratie „empfohlen“.

Treffen von Mussolini und Dollfuß in Riccione 1933 (ÖNB-Wikipedia). Mussolini schützte damals noch Österreich. Zwei Jahre später konnte er schon in „seinem" Brioni schwimmen gehen.

Die Aktiengesellschaft hatte sich sogar nach dem Tod Karl Kupelwiesers und den vielen Ausfällen im Hotelgeschäft noch 5 Jahre einigermaßen über Wasser gehalten, was aus vielen Briefen von Anni Kupelwieser an ihre Freundin und Mitbesitzerin des Semmering Kurhotels Resa Hansy hervorgeht.

(ÖNB Sammlung Kupelwieser, 53150, Blatt 7, 17, 18, 23)

1932 beklagt sie sich nur: *„Wir leiden durch die österr.-deutsche Devisensperre und den englischen Patriotismus, ach, wenn die Welt doch nur zur Vernunft* *käme, bevor wir ganz Pleite sind. Wir hatten durch den Pfundsturz große Verluste. Die Brioni AG ist außer den Kindern noch in anderem Besitz und wir haben nicht mehr die Benefizien so wie früher."*

Am 19. 1. 1935 schreibt sie noch aus Brioni: *„Es ist alles in Schwebe..."*, am 20. 2. 1935 ist sie in Wien, wohnt in der Pension Karolina und schreibt hier: *„Ich habe für Brioni keine Hoffnung mehr"*.

(Sammlung Kupelwieser, ÖNB Handschriftensammlung)

Brioni Landschaft (Maximilian Lenz 1905). Das Bild hängt in der ehemaligen Wohnung meiner Großmutter in Lunz, wo sie die Bedrohungen der Nazizeit knapp überlebte. (Photo Hans Geißlhofer).

Bestätigung durch Nachforschungen

Was war aber genau passiert? Im Internet findet man in dem Scan der *„Gazetta ufficiale del regno d'Italia"* vom Mai 1934 ein Gesetz, das den Schiffsverkehr zwischen Brioni und Pola regelt, und in dem die Brioni AG dafür von der Regierung bezahlt wird. Ob das ein kostendeckendes Geschäft war, kann nicht mehr festgestellt werden.

In der *„Gazetta Ufficiale"* vom 4. Jänner 1937 wird dann Brioni von *„Vittorio Emmanuele III, Rex D'Italia, Imperatore D'Etiopia", ganz offiziell verstaatlicht.* Unterschrift: Mussolini.

Ein Dekret aus dem März 1936 wurde zum Gesetz ernannt, bezüglich der

„esproppriazzione per pubblica ulilita di beni siti inelle Isola Brioni (Pola).

(Enteignung aus öffentlichem Interesse des Kulturerbes der Insel Brioni).

Es wurden also keine großen Umstände mehr gemacht, nach der Invasion Äthiopiens wurde auch gleich die ganze Inselgruppe Brioni beschlagnahmt, letzteres ging sicher leichter, zudem die Familie Kupelwieser schon ein Jahr vorher ausgehungert und hinausgemobbt worden war. Natürlich ganz im „öffentlichen Interesse", als „Kulturerbe".

Obwohl die damalige Geschäftsführerin Annie Hiller-Kupelwieser jüdische Wurzeln hatte, war dies damals in Italien noch ohne Bedeutung. Mussolini soll sich sogar einmal über den fanatischen Antisemitismus der Deutschen mokiert haben: „*Rassismus ist was für Blonde*". Ab 1938 änderte er aber seine Einstellung sehr schnell, biederte sich immer mehr den Deutschen an und empfing dann 1939 sogar Göbbels in Brioni zu Gesprächen.

Zur selben Zeit wurde auch Manfred Mautner-Markhof in Berlin verhaftet, er galt als „Handelsjude" und konnte nur freigelassen werden, weil Richard Strauss im Juni 1939 anlässlich seines 75. Geburtstages ein Konzert gab, dem auch Goebbels beiwohnte.

In der Pause bat der Komponist diesen inbrünstig, seinen Freund Mautner-Markhof zu begnadigen. Die Mautner-Markhofs waren große Förderer der Kunst und Kultur gewesen.

Nach dem Krieg hatte er dann noch den mündlich von meiner Tante „Pussy" überlieferten „Kupelwieser Walzer" Franz Schuberts, Freund des Malers Leopold Kupelwieser in Noten niedergeschrieben, nachdem ihn meine Tante am Klavier vorgespielt hatte.

Nach all den Demütigungen, denen die Familie durch den deutschen und den italienischen Faschismus ausgesetzt war, wäre ein Trauermarsch vielleicht eher angebracht gewesen?

In den Archiven der Italienischen Kommerzbank lagern anscheinend noch Briefe zwischen Mussolini, seinem Minister Suvich und einer „Signora Kuppelwieser“, sowie ein Gesamtbericht und eine Budget-Prüfung von Dezember 1934. Aber dem konnte ich noch nicht nachgehen.

Nun würde man vermuten, dass vielleicht das sozialfaschistische Herz Mussolinis, diesem die Inselgruppe als Arbeiter- und Mittelschicht- Erholungsparadies empfohlen hätte. Weit gefehlt!

Der Verwalter Cunaldi, der dann nach Görz gezogen war, schreibt 1942 an Pussy Mautner-Markhof :

„Brioni ist seit 6 Jahren vollkommen leer, obwohl man das Hotel Carmen niedergerissen und an seiner Stelle ein großes neues Hotel um 10 Millionen Lire gebaut hat. Im August kamen hundert Personen als Gäste, anstatt 450-600 wie früher, zu Ostern 24 Personen.“

(ÖNB, Sammlung Kupelwieser,53148, Blatt 25/26)

Dafür hatte Mussolini weit „wichtigere“ Besuche aus dem deutschen Reich. 1940 trat er an der Seite Deutschlands in den Krieg ein und empfing dann hohe Würdenträger aus dem Nazireich auf dieser, nun „*seiner*“ Insel.

Nach der Gefangennahme Mussolinis marschierten dann die Deutschen direkt in Oberitalien und auch in Brioni ein. Die Inselgruppe wurde so immer mehr zum Frontbereich gegenüber den vom Süden vordringenden Amerikanern.

Nach dem Krieg, 1948, schreibt der Verwalter Cunaldi an Manfred Mautner-Markhof aus Görz:

„Brioni wurde im Kriege fast ganz zerstört, alle Bewohner sind geflüchtet, nur 4 sind dort geblieben. Leiter der Insel ist ein Maurer aus Bagnole".

(ÖNB, Sammlung Kupelwieser, 53149, Blatt 1-2.)

Meine ererbten Möbel aus Brioni im venezianischen Stil, vor der Beschlagnahmung 1936 in Eile per Bahn in Sicherheit gebracht. (Photo Hans Geißlhofer).

In Wien traf ich, bei einer Ausstellung über die österreichische Adria, die zuständige Beamtin für das Kulturerbe in der Nationalparkverwaltung von Brioni. Sie gab mir Auszüge aus den Erinnerungen von Maria Lenz, der Frau des Kurarztes von Brioni: *„Das verlorene Paradies“*. Da schreibt sie:

„Zu Beginn des Jahres 1936 war der Zusammenbruch, die Gehälter der Angestellten konnten nicht mehr ausbezahlt werden, der Konkurs wurde angemeldet. Die Insel ging in den Besitz des italienischen Staates über, der Kaufpreis deckte aber nicht einmal die Außenstände, sodass die Familie Kupelwieser jeden Anspruch auf Brioni verlor und die Insel verließ. Es wurde am Betrieb selbst nichts geändert, der großartige feudale Stil wurde beibehalten, selbst das Polo, so kostspielig es auch war, fand die Unterstützung der Regierung….

…Man hatte vorher mit Recht die Führung der Insel als nicht auf der Höhe und als dilettantisch bezeichnet, aber sie hatte ohne Zweifel eine persönliche Note in den Betrieb gebracht, diese fehlte jetzt. Eine gewisse Originalität ging verloren“. (Maria Lenz „Das verlorene Paradies“).

Waren es also doch nur Misswirtschaft und Wirtschaftskrise gewesen?

Was war das für ein „Kaufpreis“ bei der Beschlagnahmung? Das konnte doch nur eine völlig unzureichende Abgeltung anlässlich der Auflösung der Brioni AG gewesen sein, wenn nicht einmal die Verbindlichkeiten damit gedeckt werden konnten? Nun bin ich absolut kein Fachmann auf diesem Gebiet. Man müsste aber zuallererst abschätzen, was der Wert der Inseln samt all der von den Kupelwieser errichteten Infrastruktur im

Jahre 1936 wert war. Abgesehen von der politischen Einflussnahme Mussolinis in die Entscheidung eines nicht mehr unabhängigen Gerichtes.

Sonst hätte man ja auch locker die Hälfte der Inseln verkaufen, und damit die Aktiengesellschaft sanieren können, wenn Mussolini dem in seinem ganz persönlichen Interesse zuvorgekommen wäre?

Neuere Forschungen erwähnen ein Kuratel durch die Banca di Verona 1934. Wahrscheinlich wurden die Inseln auch sehr unter ihrem Wert gehandelt, weil das Interesse Mussolinis daran bereits allgemein bekannt war.

Das Winterschwimmbad, erstes geheiztes Meer-Bad in Europa (Otto Lenz, Spaziergänge).

Genosse Tito's mondänes Refugium

1945 wird der Partisanenführer Marschall Tito Präsident von Jugoslawien und 1948 bricht er mit Stalins Sowjetunion. In den 1960er Jahren wird Jugoslawien zum Wortführer der blockfreien Staaten.

Brioni gehört jetzt zu Jugoslawien und wird die Sommerresidenz Titos. Und dort gehen die Staatsoberhäupter der 1. und der 3. Welt ein und aus: Fidel Castro, Che Guevara, Nehru, Willy Brandt etc.

Tito hatte mit seinen Partisanentruppen sehr große Strapazen auf sich genommen und wesentlich zum Sturz des Faschismus beigetragen. Im eigenständigen Jugoslawien wurden aber auch der dem vorangegangene „österreichische Imperialismus" kritisiert.

Somit gab es keinerlei Gründe Brioni an irgendwen zu restituieren.

Für den elitären, aber auch den Massentourismus war Brioni gestorben.

Immerhin diente die Inselgruppe nun eine Zeitlang der blockfreien Bewegung und den jungen engagierten Vertretern der 3. Welt als Drehscheibe.

Den sozialpolitisch engagierten Gründern und Geldgebern Paul und Carl Kupelwieser wäre das vielleicht gar nicht so unrecht gewesen?

Ein Wiedersehen mit schönen und bitteren Gefühlen

1960 haben Manfred Mautner-Markhof und seine Frau „Pussy" die Gelegenheit, auf Einladung Titos Brioni zu besichtigen. „Pussy" kommt nach 25 Jahren wieder auf die Insel, wo sie ihre Kindheit und Jugend verbracht hatte. Sie ist gerührt, aber auch positiv überrascht. In einem 19 Seiten langen Brief vom Oktober 1960 aus einem Kurhotel in der Schweiz schreibt sie an ihre Freundin Mitzi Lenz, wie sich Brioni verändert hätte. Dass man einige Gebäude, die nicht gut in die Landschaft passten, abgerissen hat, dass es aber so viel schöner sei, und schwelgt in Kindheitserinnerungen.

Man trifft auch noch ganz wenige, inzwischen gealterte Bekannte *(ÖNB, Sammlung Kupelwieser, Nr.53051).*

Allerdings weder auf Tito, noch auf den Direktor der Inselverwaltung!

Obwohl man gut bewirtet und untergebracht wurde, machte alles doch einen eher kafkaesken Eindruck.

Einige Monate später trifft Manfred Mautner-Markhof den Tito und seine Frau Jovanka in Schönbrunn bei einem Empfang:

„Ich sagte ihm, dass der Großvater meiner Frau, Paul Kupelwieser, der Begründer des Inselparadieses

Brioni, sich sicher freuen würde, wie schön und gepflegt sich die Insel präsentiert, wenn er dies heute noch sehen könnte".

Darauf lächelte Tito und *sagte:*

„Ja, aber einen Fehler hab ich gemacht, ich hätte die Hotels nicht wieder aufbauen sollen, die ja im Krieg völlig zerstört worden sind!"

(Manfred Mautner-Markhof, „Haltestellen und Stationen in meinem Leben". Guardaval Verlag Wien, 1978, S. 96)

Damals meinte man eben unter „guten Kommunisten", dass die Zeit des elitären Tourismus endgültig vorbei sei, und für einen Massentourismus hatte man in Jugoslawien genügend andere, leichter erreichbare Orte.

In Brioni wurde im alten Castell ein Museum eingerichtet, in dem auch die Familie Kupelwieser entsprechend gewürdigt wird. Die Zeit des italienischen Faschismus und das Problem der Rechtsnachfolge Brionis wird aber geflissentlich übergangen.

In diesem Castell hatte die Familie von „Lony" und Anni Kupelwieser gelebt, war „Pussy" aufgewachsen, zusammen mit ihren Schwestern Mausi und Annelie. Eine Kindheit im Paradies. Die Mädchen spielten zusammen mit einem Cousin am Strand und in den Feldern.

Sie beobachteten die Insekten und Würmer, wenn sie einen großen Stein weg wälzten. Bedrohung kam einzig in Form einer englischen Gouvernante, die jedes Mal ein Gewitter machte, wenn sie ihre schönen weißen Kleider mit Grasflecken beschmutzt hatten.

„Wenn ich auf jeden Baum kletterte und mich wie ein Bub gebärdete, zur Freunde meines Vaters…!“

Manchmal durften die Kinder auch an einer Segelregatta teilnehmen. Bei einer durfte „Pussy“ sogar als Matrose mitsegeln.

Als „Pussy“ größer wurde, begannen aber schon die Kriegsvorbereitungen. Brioni wurde zum U-Boot Hafen der Kriegsmarine. Einmal durfte „Pussy“ sogar mit einem U-Boot mitfahren. Dabei gab es plötzlich aber eine kleine Panne. Nur ein Stromausfall, aber sie war dann heilfroh, wieder am Land zu sein.

Die jungen Matrosen und Kadetten amüsierten sich während der vielen Feste auf der Insel, und „Pussy“ verliebte sich in einen von ihnen. Als dann der Krieg ausbrach, war dessen Schiff eines der ersten, das von den Alliierten versenkt wurde, und der Junge war tot. Da bekam sie mit 17 Jahren eine erste Ahnung, was Krieg wirklich bedeutet.

Vorher waren die Kinder auch mit denen des Thronfolgers Franz Ferdinand befreundet gewesen. Dieser wollte, wie bereits erwähnt, Paul Kupelwieser erpressen, ihm Brioni billig zu verkaufen. Aber als er dann ermordet wurde, trauerten die Kinder dennoch, weil ihre Spielkameraden nun nicht mehr kamen. Was dem Thronfolger nicht gelang, war für Mussolini nach dem Bankenzusammenbruch und der Weltwirtschaftskrise ein Leichtes.

Annie Hiller-Kupelwieser führte die Hotels noch bis 1935 (Archiv Schönborn Buchheim)

Was unsere Tante „Pussy“ dann empfand, als sie dann 25 Jahre später wieder ihre Heimat besuchen konnte, kann man mitfühlen. Sie hat es auch noch knapp vor ihrem Tod, auf 28 Seiten Typoskript, als ihre Erinnerungen an Jugend und Kindheit niedergeschrieben.

(ÖNB Sammlung Kupelwieser 53053, Teil I und II)

Wird Brioni nun endlich als Weltkulturerbe gerettet, oder zu einem mondän-geschmacklosen „modernisierten“ Badeort für Neureiche umgestaltet werden?

Wird es in Kroatien auch einmal eine Aufarbeitung über weit zurückliegende Enteignungen geben?

Ich frage mich nur: wo standen eigentlich meine Brioni-Möbel genau? Neben den vielen Hotels und Wohnungen der Familie Kupelwieser, hatte es auch eine „Villa Bertha“ gegeben. War das die Villa, die angeblich von Karl Wittgenstein für meine Urgroßmutter geplant und errichtet wurde? Ging diese dann auf ihre Kinder über?

Und ist es der Garten von der Villa, in dem Maximilian Lenz dann später meine Großtante Ida Kupelwieser in einem Blumenfeld, an einer geschwungenen Mauer gemalt hatte?

In den Satellitenbildern des Internet findet man bei den Koordinaten 44,9049 Nord und 13,7718 Ost eine solche, geschwungene Mauer, an der kleinen Landzunge Punta Naso (Nasenspitze) zwischen zwei Buchten südlich des Hafens von Veli Brioni. Die Villa wurde in den Weltkriegen zerstört, aber die Mauer an der Böschung zum Meer blieb erhalten. Unmittelbar daneben liegt eine kleinere Villa neueren Datums, sie ist nicht öffentlich zugänglich, sondern wird nur an sehr zahlungskräftige Kunden vermietet.

Paul Kupelwieser schreibt in seinen „*Erinnerungen eines alten Österreichers*":

„*Die Frau meines Bruders, immer den wärmsten Anteil an meinem Geschick nehmend, wollte durch ihre eigene Ansiedlung auf Brioni ein reicheres Leben entwickeln*".

1901 reiste er dann mit meinen Urgroßeltern und ihren Töchtern Ida und Paula nach Ägypten, um dort Palmen zu besorgen. Die überlebten zwar nicht lange, aber eine immergrüne Schlingpflanze gedieh dafür sehr gut auf den Inseln. Unabsichtlich wurde auch ein Chamäleon mitgenommen.

Die Geschichte des Paul Kupelwiesers wird heute in Brioni touristisch gut vermarktet. Aber welche Grauzonen vielleicht noch bestehen, wäre schon eine genauere Studie wert.

Zumindest sollte die Sache im Interesse aller drei Staaten - Österreich, Kroatien und Italien - die jetzt nach einer leidvollen Geschichte im Rahmen der Europäischen Union wieder zusammenfinden, gründlich aufgearbeitet werden.

Ein solches europäischesKulturerbe verlangt nach einer trilateralen Erinnerungskultur. Da könnte die EU auch mal zeigen, was ihr so etwas wert ist!

Nur leider können meine Brioni-Möbel, auf denen ich diese Zeilen schreibe, nicht sprechen, sonst würden sie mir als *„Augenzeugen“* oder *„Gesäßzeugen“* einen ganz authentischen Bericht geben.

Für Historiker gibt es jedenfalls noch genügend zu tun! Also, an die Arbeit, bitte sehr!

Tanzpavillon auf Brioni (Otto Lenz, ebenda)

DIE GORODETZKYS AUF DER FLUCHT VOR POGROMEN

Schon gegen Ende des 19. Jahrhunderts verbreiteten sich antisemitische Tendenzen in Russland.

Als Reaktion auf die anwachsende revolutionäre Bewegung, in der auch Juden eine zunehmende Rolle spielten, ließ die Regierung in der Presse, die strengen Zensurbestimmungen unterworfen war, hemmungslose antisemitische Propaganda verbreiten.

Mein Urgroßvater: Mendel Gorodetzky und seine erste Frau Liuba Feiga - rechts, und ihre Schwester und 2. Frau Mendels Betea - links. (Archiv Bouveyron).

Die Gorodetzkys waren eine reiche und angesehene russisch sprechende Kaufmannsfamilie in Moldawien, das einmal unter russischer, dann wieder unter rumänischer Herrschaft stand.

Als 1903 am Pesach Fest in Kishinew ein Judenpogrom ausbrach, befand sich die Familie schon teilweise außer Landes.

Meine Großmutter studierte in Leipzig, ihr Bruder Gregoire war nach St. Petersburg übersiedelt, von wo er dann 1917 nach Kyrnberg bei Pyhra, und dann weiter nach Paris auswanderte.

Wann genau Boris, ihr anderer Bruder nach Deutschland ging, ist nicht bekannt.

Wegen der stark antisemitischen Stimmung verließen etwa 2 Millionen Juden Russland.

Mächtige Parteien, wie der „Bund des russischen Volkes“ und die damit verbündeten Gruppierungen gegenüber, forderten öffentlich die Eliminierung des russischen Judentums.

Sie produzierten und veröffentlichten die Hetzschrift „Protokolle der Weisen von Zion“, durch welche bis heute antisemitisches Gedankengut weltweit verbreitet wird.

Links vorne Polya, meine Großmutter, rechts ihre Brüder Gregoire (oben) und Boris, sitzend. (Archiv Bouveyron)

Boris Gorodezky wurde im Jahr 1877 in Kischinew, heute Moldawien, geboren. Zwei Jahre vor meiner Großmutter.

Wir haben nur sehr wenige Unterlagen über seinen Werdegang. Er studierte Ingenieurswissenschaften. Als die Familie nach Österreich, bzw. Frankreich auswanderte, zog er nach Berlin und lebte in einer Wohnung im Stadtteil Charlottenburg. 1901 begleitete er meine Großmutter nach Meran, wo sie eine Lungenkur machte. Für die Hochzeit meiner Großeltern kam er 1905 nach Wien und Lunz und fungierte hier auch als Trauzeuge.

Als 1933 die Nazis an die Macht kamen, konnte er seinen Beruf nicht mehr ausüben und schlug sich als Schneider durch.

Familieninternen Erzählungen zufolge litt er an Depressionen.

Meine Großmutter und meine Mutter versuchten, über ihre Kontakte zur deutschen Kaiser Wilhelm Gesellschaft, für ihn ein Ausreisevisum nach Rumänien zu verschaffen.

Auch Professor Ruttner von der Biologischen Station in Lunz setzte sich für ihn ein, und versuchte den Ex-Kultusminister aus der Kaiserzeit, Schmidt-Ott als Vermittler den Nazi Behörden gegenüber zu gewinnen.

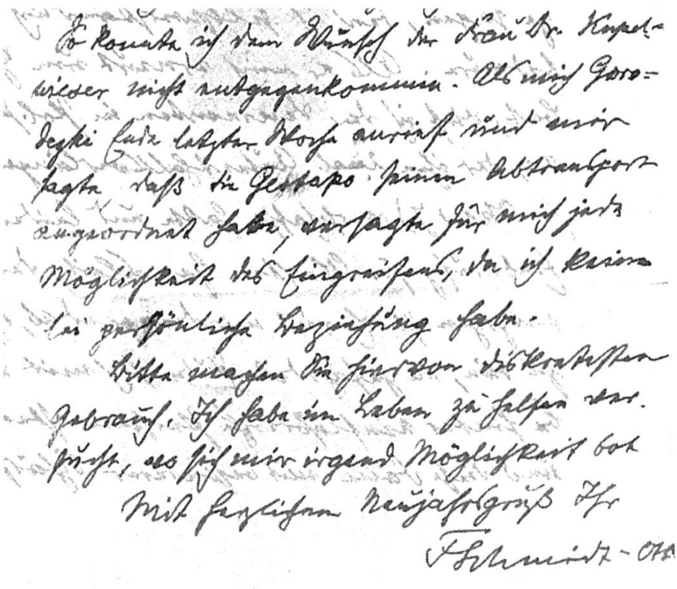
So konnte ich dem Wunsch der Frau Dr. Kupel-
wieser nicht entgegenkommen. Als mich Goro-
detzki [illegible] letzter Woche anrief und mir
sagte, dass die Gestapo seinen Abtransport
angeordnet habe, versagte für mich jede
Möglichkeit des Eingreifens, da ich keine
[illegible] persönliche Beziehung habe.
Bitte machen Sie hiervon diskretesten
Gebrauch. Ich habe im Leben zu helfen ver-
sucht, wo sich mir irgend Möglichkeit bot.
Mit herzlichem Neujahrsgruß Ihr
F Schmidt-Ott

Auszug aus dem Brief von Ex-Reichs-Minister Schmidt-Ott an Ruttner, Jänner 1942 (Archiv Ruttner)

„So konnte ich dem Wunsch der Frau Dr. Kupelwieser nicht nachkommen. Als mich Gorodetzky letzte Woche anrief und mir sagte, dass die Gestapo seinen Abtransport angeordnet habe, versagte für mich jede Möglichkeit des Eingreifens…"(Quelle: Familienarchiv Ruttner)

Ein Briefwechsel dazu ist erhalten: Schmidt Ott schreibt, er hätte alles versucht, denn die Gestapo würde schon die Deportation vorbereiten. Aber man hätte ihm gesagt, das wäre unmöglich, a die Erfahrung hätte gezeigt, *„dass sich gefährliche Juden gern hinter einflussreichen Persönlichkeiten verstecken…“*

Einige Wochen nach diesem Briefwechsel wurde Boris Gorodetzky mit dem Transport 8, Zug Da 44 von Berlin nach Riga, Vidzeme, Lettland am 13/01/1942 deportiert und dort irgendwann ermordet.

Die Reise im Viehwagon im Winter hatte 3 Tage gedauert.

(Quelle: Liste von Deportierten aus Berlin, Gedenkbuch Berlins der jüdischen Opfer des Nationalsozialismus, Freie Universität Berlin, Zentralinstitut für sozialwissenschaftliche Forschung, Edition Hentrich, Berlin 1995).

Man findet heute sogar im Internet die Deportationsliste, wo sein Name verzeichnet ist:

(http://www.statistik-des-holocaust.de/OT8-47.jpg)

Da es kein Grab für Boris gibt, ist dieses trockene Stück Papier das einzige Gedenken an sein tragisches Ende.

Es gibt aber sehr viele Berichte von Zeitzeugen über das Ghetto in Riga, in dem zuerst fast alle jüdischen Letten ermordet wurden, um „Platz“ zu machen für die zahlreichen herbeigeschafften deutschen und österreichischen Juden. Auschwitz und andere Lager waren damals noch nicht richtig in „Betrieb".

Die völlig erschöpften, ausgehungerten Juden starben oft schon in der Folge des Transportes.

Viele wurden in einem nahegelegenen Wald erschossen. Andere wiederum in den berüchtigten Gasautos vergast, in die Kohlenmonoxyd eingeleitet wurde, was aber zu schrecklichen, bis zu einer halben Stunde dauernden Todeskämpfen führte.

Als dann das Ghetto endgültig überfüllt war, eröffnete man ein zweites Ausweich-Lager 4 km südöstlich von Riga, auf einem alten 200 ha großen ehemaligen Gutshof, dem „Jungfernhof".

In dessen Nähe wurden im Stadtwald von Riga große Gruben ausgehoben, wo dann regelmäßig Erschießungen stattfanden.

Wie genau unser Großonkel Boris Gorodetzky gestorben ist, weiß man nicht. Obwohl er in der Deportationsliste als „arbeitsfähig" eingestuft war, kann es sein, dass er mit seinen 65 Jahren vielleicht schon an den Strapazen der Reise und des Aufenthalts im Ghetto gestorben ist, oder in einem Gasauto erstickte oder eben in ein Massengrab hineingeschossen wurde.

Sein Schicksal wurde in unserer Familie nicht verschwiegen, aber auch nicht wirklich verarbeitet. Nur, dass eben meine Mutter erzählte, wie sie im

Auftrag ihrer Mutter in Berlin versucht hatte, bei höherrangigen Bekannten Ruttners zu intervenieren. Aber vergeblich.

Die anderen Töchter von Gregoire Gorodetzky, des Bruders von Boris und meiner Großmutter Polya, Vera und Louba, waren eng mit meiner Mutter befreundet. Louba war noch in St. Petersburg geboren, und Gregoire brachte sie zu meiner Großmutter nach Kyrnberg, bevor er dann endgültig nach Paris übersiedelte.

Louba besuchte das Gymnasium in St. Pölten, wo sie aber jeden Tag zuerst 3 km durch den Wald bis zur Straßenbahnhaltestelle in Harland gehen musste. Sie sprach fließend Deutsch und schrieb in dieser Zeit auch wunderschöne Gedichte auf Deutsch, die dann erst viel später von ihrem Mann André Angot, genannt „Didi“, in Paris veröffentlicht wurden.

Die beiden Töchter Veras, entfernte Nichten meiner Mutter, Danielle und Catherine, kommen immer noch oft nach Lunz am See, um ihre österreichischen Verwandten zu besuchen.

Catherine arbeitet auch an einem sehr weitreichenden Stammbaum der ganzen großen Gorodetzky Sippe.

Über die jüdische Abstammung ihrer Familie hatten sie aber lange nichts gewusst. Der Mann meiner Tante Louba, war in der Zeit der Besetzung

Frankreichs ein bekannter Mathematiker mit guten Kontakten zur Regierung. Die Abstammung seiner Frau und ihrer Geschwister verschwieg man geflissentlich.

François, der Sohn meiner Tante Vera, erzählte mir nur, dass seine Mutter einmal in der Zeit der Vichy Regierung, die mit den Nazis kollaborierte, mit einem schweren Koffer an einem der Pariser Bahnhöfe stand und ihr ein galanter Herr gerne helfen wollte. Aber als ein anderer Herr das Namensschild *„Gorodetzky"* las, fuhr dieser den Kavalier schroff an: *„Du wirst doch nicht dieser dreckigen Jüdin den Koffer tragen!"*

Ich erinnere mich auch, dass Didi und Louba in den 1960-er Jahren in Kyrnberg bei meiner Mutter zu Besuch waren. Es war die Nostalgie nach der „Villa" und dem Obstgarten, die einzigen Teile des früheren großen Gutes, die später nicht vom Gauleiter beschlagnahmt worden waren, wo Louba nach dem ersten Weltkrieg eine Zeitlang von meiner Großmutter beschützt und versorgt wurde, und wo sie mit 12 Jahren auf Deutsch ihre Gedichte schrieb.

Für mich war das damals nur sehr eigenartig und fremd, dass wir Verwandte im fernen Paris haben sollten! Und Louba war noch dazu eine sehr feine, vornehm gestylte Dame!

Einmal fragte ich meine Mutter, warum sich manche Frauen die Lippen rot anstreichen?

Meine Mutter, das ehemalige naturliebende Wandervogel-Mädchen antwortete mir: „*Das machen doch nur die ganz schlechten Frauen.*“

Ihre Cousine Louba hätte ihr jedoch erklärt, dass das in Frankreich anders wäre: Wenn man sich in Paris nicht die Lippen schminkte, dann sei das untragbar, so wie ein ungeputzter Schuh!

WILLY MATHES UND DER „VOLKSZORN“

Als sich der ehemalige obdachlose Adolf Hitler den Anschluss seiner Heimat an das Deutsche Reich mit einer „Volksabstimmung“ legitimieren ließ, stimmten fast überall 99% der Österreicher mit „Ja“, da es keine geheimen Wahlzellen gab und es gefährlich war, dagegen zu stimmen.

Aber Willy Mathes, der Sohn der Paula Mathes, der ältesten Schwester meines Großvaters (er sollte später mein „Firmgöd“ werden, weil seine Familie katholisch geblieben war), war ein konservativer Antifaschist und österreichischer Patriot. Er war in seiner Jugend bei seiner Mutter in München aufgewachsen und hatte 1914 mit 12 Jahren seinen Vater, der im ersten Weltkrieg bei einer bravourösen Attacke ums Leben kam und daraufhin posthum geadelt worden war, verloren.

Mit 17 Jahren war er während seines Wehrdienstes in einem Freikorps 1919 an der Niederschlagung der von Anarchisten und Kommunisten gegründeten Münchner Räterepublik beteiligt.

Wobei er ein grundlegendes Trauma gegenüber Gewalt und Krieg entwickelt hatte.

Die deutschnational beeinflusste Wandervogelbewegung, die meine Mutter und ihre Geschwister geprägt hatte, war seine Sache nicht. Bei der

Volksabstimmung stimmte er ganz offen und unverblümt mit „Nein" gegen den Anschluss.

„Weißt Du, so hat er's ihnen hingeschmissen", sagte mir meine Mutter und machte die lässig herablassende Handbewegung nach, mit der mein späterer Firmpate den Nazi-Wahlbeobachtern den Wahlzettel auf den Tisch *gefleddert* hatte. Der Ton, in dem sie das sagte, verriet ihre Ablehnung, so als wenn sie meinte: *„Wieder so ein Spinner aus der Familie, wo er doch wissen hätte müssen, was ihm dafür blüht!"*

Als Strafe dafür wurde er gleich darauf verhaftet, nach Scheibbs geführt und von der johlenden Menge mit dem Ruf: *„Auf nach Dachau"* empfangen, bespuckt, geschlagen und mit faulen Eiern beworfen.

Nach dem Krieg wurde in einem Volksgerichtshof der Fall Willy Mathes neu aufgerollt. Mein Onkel erzählte den Hergang der Ereignisse ohne Pathos und wollte niemanden direkt beschuldigen.

Als man den Gendarm, der ihn zusammen mit dem nationalsozialistischen Gemeindearzt festgenommen hatte, nach dem Krieg verhörte, sagte mein Onkel aus, dieser hätte ihn sogar vor der Lynchjustiz bewahrt und den Leuten zugerufen: *„Nur spucken, nicht schlagen"!*

Es war klar, dass dieser Spießrutenlauf von den NS Behörden organisiert worden war, obwohl natürlich auch der lokale Pöbel aufgebracht dabei mitspielte. Außerdem gab es eine „Belohnung", Gemeinden mit 100% Ja-Stimmen wurden mehr Investitionen von der NS Verwaltung versprochen.

Ein „Glück" für ihn, dass bald darauf der Krieg begann. Da hieß es in der Familie: *„Sofort an die Front mit ihm!"* So wurde er auch bald einberufen, um einer Deportation zuvorzukommen.

Sein jüdischer Einschlag war aber nicht ausschlaggebend, er beschränkte sich offiziell nur auf ein Viertel, nachdem der Wittgenstein-Großvater schon von den Nazis aus pekuniären Gründen zum „Arier" erklärt worden war.

Sein älterer Bruder, Peter Mathes war auch Mitbesitzer der Güter Seehof und Kyrnberg, lebte aber mit seiner Familie in Berlin, wo er als Ingenieur tätig war und in kriegswichtigen Betrieben Flugzeugpropeller entwarf. Er kam nur selten nach Lunz zu Besuch.

Seine Schwester, Dr. Elisabeth Hauser, geb. Mathes, arbeitete in Wien als Physikerin an der Universität.

Später übernahm Onkel Willy die Fischerei im Schloss und den 3 Alpenseen. Wir durften als Kinder oft mit ihm mitfahren, wodurch er natürlich zu unserem besonderen Lieblingsonkel wurde.

Meine Mutter, mein Bruder und ich mit Onkel Willy Mathes beim Fischen am Lunzer Obersee um 1956 (Photo meines Vaters)

DORA KUPELWIESER UND DER BRUCHPILOT

Von: http://home.earthlink.net/~highjack/bailout.htm (leicht gekürzt und teilweise sinngemäß übersetzt)

Aus einer anderen Linie der weitverbreiteten Kupelwieser-Linie stammte Dorothea Kupelwieser (1887 -1956). Sie war die Tochter von Max Kupelwieser, eines Bruders von Carl und Paul, und somit Cousine meines Großvaters Hans. Gleichzeitig die Schwester von Ernst Kupelwieser, der mit meinem Großvater die Soja Fabrik gegründet hatte.

Ihre Mutter war Johanna, geborene Kestranek. Die Kestraneks waren gemeinsam mit Paul Kupelwieser in den Vitkovicer Eisenwerken beschäftigt gewesen.

Dorothea diente dann während des Krieges im Kaiser Frans Josef Spital in Wien und war mit einem Arzt verheiratet. Also, man kann ja auf den Einfluss der großen Suchmaschinen schimpfen, aber für meine Nachforschungen ergaben sich da schon auch sehr große Überraschungen beim Surfen

Zuerst fragte mich die Biographin des Jugendstil Malers Lenz, Frau Buchner-Kopper, wer denn diese Dora Kupelwieser eigentlich sei, die ihr - als so bezeichnetes Portrait aus dem Nachlass von Maximilian Lenz - bei den Recherchen für eine Dissertation untergekommen sei. Und so kam ich zufällig auf diese Internet Seite. Und damit schließt sich auch irgendwo ein Kreis.

Dora Kupelwieser, Portrait in Öl, von Ida Kupelwieser (Dissertation Hella Buchner-Kopper)

Sie beginnt mit dem ersten Weltkrieg, geht über die Nazizeit mit ihren Verbrechen und der verzweifelten Anpassung an dieses System und den damit ausgelösten Flächenbombardements hinaus, durch welche die Zivilbevölkerung besonders leiden musste. Und mittendrin diese ganz einfache und menschliche Geschichte eines amerikanischen Piloten, der von einer gewissen Dora Kupelwieser gesund gepflegt wurde und ihr knapp vor seinem Tod noch über das Internet seine Dankbarkeit ausspricht. Ich will die Geschichte hier nur leicht gekürzt wiedergeben und sie damit vor dem Vergessen bewahren.

BAIL OUT - HINAUSGEWORFEN:

Von Dr. David Brothers, Internet Blog einer amerikanischen Kriegsveteranen Seite.

Gestorben 12. 2. 2002 mit 79 Jahren, als 22-jähriger über dem Wienerwald abgeschossen

B-24 Crash im Wienerwald. (Blog Dr. Brothers)

Bombergeschwader B24 (Blog Dr. Brothers).

Ich war als Geschwader-Bomberpilot für die 455. Bomb Group, 15th Air Force bei San Girovanni, Italien in der Nähe der Stadt Foggi basiert.

Wir hatten eine 5000 Meter parallele Start und Landebahn. Wir arbeiteten in der Nähe von jahrhundertealten Gebäuden und lebten in vier Mann-Zelten. Am Morgen des 26. Juni 1944 flog mein Freund und Pilot, Leutnant Robert Montgomery, seine letzte Mission vor der Rückkehr in die USA und wollte, dass ich sein Bombardier sei.

Ich war nicht Teil seiner Mannschaft und es war nicht geplant, an diesem Tag zu fliegen, aber ich beschloss, ihm einen Gefallen zu tun und bekam die Erlaubnis. Unser Ziel an diesem Tag war Moosbierbaum in Österreich - eine große Erdölraffinerie, etwa 20 Meilen westlich von Wien.

Die Flugroute führte uns nach Norden und dann über den Osten von Wien. Nach dem Passieren Wiens machten wir eine 180-Grad-Wende nach links und machten uns bereit zum Bombenabwurf westlich von Wien. Unsere Flughöhe war 19.500 Fuß.

Während wir uns unserem Ziel näherten, bemerkten wir etwa 50 Messerschmidt-210 Bomber, die uns angriffen.

Wir ließen uns nicht auseinanderbringen und hielten unseren Kurs. Die Me-210-s ließen ab, weil vier P-38-s uns zu Hilfe kamen.

Merkwürdig war nur, dass unsere dafür vorgesehenen Begleiter (P-51-er) nie auftauchten und nie unsere Radio Hilferufe beantwortet hatten.

Wir stießen auf schwere Flak über Moosbierbaum, ließen aber unsere Bomben direkt am Ziel herab, die viel Schaden an der Erdölraffinerie anrichteten. Kurz nachdem wir unsere Bomben abgeworfen hatten, stoppte dann die Flak-Feuer und mindestens 100 Fw-190 (Fok-Wulf 190 Jagdbomber) trafen auf uns.

Sie umkreisten uns wie die "Indianer rund um einen Zug" und kamen bei uns hintereinander in 8-er Gruppen an.

Wir bekamen mehrere Treffer ab, und unser Flugzeug fiel auseinander. Ich wurde mit einer 20 mm Granate in den Hintern getroffen, und ihre Auswirkungen knallten mich gegen die Bordwand.

Obwohl ich schwer verwundet wurde, konnte ich kriechend die Türen des Bombenschachts öffnen, gerade 2 Fuß breit und mich hinausretten. Ich taumelte und zappelte herum, dann erinnere ich mich, dass mir gesagt wurde, dass ich das Taumeln stoppen und meine Arme seitlich ausstrecken sollte. Ich tat meine Arme zur Seite.

Es hat funktioniert! Ich torkelte nicht mehr und hatte meinen Absprung unter Kontrolle. Einige der FW-190s folgten mir nach unten, bis ich im Wienerwald gelandet war.

Drei von uns konnten aus dem Flugzeug hinaus. Montgomery und die anderen wurden aus dem Flugzeug hinausgeworfen, als es explodierte. (Ich sah dies, nachdem ich mich gerettet hatte. Einer von ihnen überlebte.)

Kinder spielten 14 Jahre später im Wienerwald und fanden Montgomerys Überreste an einem Baum hängen. Sein Fallschirm war ungeöffnet. Ein Ring, den er an seinem Körper trug, identifizierte ihn, und sein Name war auf dem ungeöffneten Fallschirm vermerkt. Sein Skelett war ziemlich intakt.

Leutnant Sabo landete unverletzt. James Mason, unser Bordschütze, landete in der Nähe und wurde zusammen mit mir von Zivilisten festgenommen. Er war schwer verwundet.

Ich versuchte aufzustehen, aber die 20 mm Mündung, die auf mich gerichtet war, sagte mir: "NOT".

Wir wurden in einen Karren gelegt und zu einem Hof in der Nähe gebracht, wo österreichische Soldaten erschienen.

Ich hielt Mason in meinen Armen, bis er starb. Ich hatte das Glück, dass die österreichischen Soldaten uns in Gewahrsam nahmen. Sie hielten die Zivilisten, die mich zu töten versuchten, auf Distanz. Sie traten mich, spucken auf mich und versuchten mich zu schla-

gen. Ich war so auf die Angriffe wütend, während Mason im Sterben lag, dass ich Beleidigungen und Flüche gegen die Zivilisten schrie.

Ich rief sie alle Arten von Namen. Aber es war eine Frau in der Menge, die in ihr Haus ging und sie brachte mir ein Glas Wein zu trinken. Ich bin kein großer Trinker, aber ich trank den ganzen Wein.

Ich fing nun an, den Schmerz wirklich stark zu spüren. Masons Körper und ich wurden in einen LKW verladen und durch den Wienerwald entlang einer schmalen, gewundenen Schotterstraße in ein Krankenhaus in Wien gebracht.

Ich blieb dort für 2 Monate und hatte 20 Operationen, um meinen Hintern wieder zusammen zu setzen und so viel Splitter zu entfernen, wie man finden konnte.

Offensichtlich rettete man so mein Leben. Die Ärzte waren alle (medizinisch) nett zu mir und staunten, dass ich nicht schon verblutet war.

Während ich im Kaiser Franz Josef-Spital war, gab es mehrere Luftangriffe. Alle von uns Kriegsgefangenen mussten in unseren Räumen bleiben, während das Krankenhauspersonal hinunter in die Luftschutzkeller ging.

Ein angestellter, bewaffneter Mann wurde dafür abgestellt, uns während dieser Bombenangriffe zu bewachen. Die Wache war aber überhaupt nicht glücklich, den fallenden Bomben ausgesetzt zu werden! Natürlich belustigten wir uns über deren Unruhe!

Während ich dort war, fielen ein einziges Mal Bomben in die Nähe des Krankenhauses. Anscheinend, als einem Bomberpiloten sein Abwurfsystem versagt haben muss, und die Bomben nicht sofort hinausfielen, wenn die Schächte geöffnet wurden.

Es gab eine Reihe von Explosionen, die konnte ich vom Krankenhaus aus hören.

Eine Bombe explodierte etwa 100 Meter vor dem Krankenhaus und die nächste Bombe etwa 100 Meter dahinter! Ich weiß, unsere Bomber würden nicht absichtlich versuchen, ein Krankenhaus zu treffen.

Von den zehn Besatzungsmitgliedern unserer Mannschaft, die Abschüsse erlebten, überlebten nur fünf. Ich bin der einzige, der heute noch lebt.

Ich möchte gerne ihre Gräber besuchen und auch das Grab von Schwester Dora Kupelwieser sehen.

Sie war sehr gut zu mir im Kaiser Franz Josef Hospital.

Als ich am Kaiser Franz Josef Hospital eintraf, gab es eine sehr junge, attraktive, deutsche Krankenschwester, die uns (14 verwundete amerikanische Gefangene zu der Zeit) betreute.

Die Behörden des Krankenhauses verlegten sie und beauftragen Schwester Kupelwieser, eine viel ältere

Frau, sich um uns kümmern. Sie war keine Schönheit gewesen, aber sie war eine sehr freundliche und fürsorgliche Krankenschwester mit einem Herz aus Gold.

Sie hat sich super um uns gekümmert. Nachdem ich in die USA zurückkehrte, korrespondierten wir miteinander, und ich schickte ihr Pakete mit Lebensmitteln und anderen Gegenstände, die ich dachte, die sie brauchen könnte. Nachdem sie gestorben war, habe ich versucht herausfinden, wo sie begraben wurde, aber es gelang mir nicht.
Vor kurzem bekam ich starken Schmerzen in meinem Gesäß. Meine Frau hat mir empfohlen, zu einem Arzt zu gehen, um die Ursachen zu ermitteln.

Ich wollte nicht zum Arzt, obwohl ich auch selber einer bin. Schließlich habe ich meiner Frau erlaubt, auf mein Gesäß zu schauen, um einen Blick auf die möglichen Ursachen zu werfen, und sie zog einen, einen halben Zoll großen Splitter heraus!

DER ERSTE WELTKRIEG IN BRIEFEN

Berührende Korrespondenz von Hans und Polya Kupelwieser aus 1914/15.

(Aus Briefen im Nachlass meiner Mutter)

Wie stark die Beziehung meiner Großeltern gewesen war, und wie schlimm in der Folge die Rassengesetze für sie sein mussten, kann man erahnen. Beim Durchwühlen all der alten Briefe stieß ich auch auf folgende Korrespondenz meiner Großeltern.

Dazu kurz eine geschichtliche Einleitung, die ich mir als Laie und mit Hilfe von Eckdaten aus den Briefen im Internet zusammengereimt habe :

Leutnant Prof. Dr. Hans Kupelwieser war *„Ordonnanz Offizier"*, der 1. Landsturmbrigade und kam Anfang September nach Westgalizien im heutigen Polen, und seine Kompanie logierte dort eine Zeit lang in einem kleinen Schlösschen, 50 km östlich von Krakau.

Er gehörte zu einer Gruppe des Generals Heinrich Kummer von Falkenfeld, die sich nach der verlorenen Schlacht von Galizien und dem Verlust von Lemberg im Herbst 1914 am westlichen Ufer der Weichsel befand, um dort die Verbindung nach Schlesien zu sichern.

In diesem Gebiet ging es anfangs noch relativ friedlich zu, allerdings war fast die gesamte Zivilbevölkerung schon geflüchtet.

Hans Kupelwieser, selbst in einem Schloss in Lunz am See aufgewachsen, empfindet Mitgefühl mit den geflüchteten Schlossbesitzern, wenn er am 27. 9. 1914 an seine geliebte Frau schreibt:

„Liebstes Kukserl!

Heute sind wir in einem reizendem, kleinem ebenerdigen Schloss (Siedliszowice) eines Herrn von Wysocki. Nettes Empireschlössl, so z. Theil nette Empire und Biedermeier Möbel.

Alles verlassen, nicht einmal ein Diener oder Köchin. Der Verwalter ist heute durchgegangen, immerhin noch ganz nette, italienische …(unleserlich …), 2 mittelmäßige Niederländer, 2 ganz famose französische Farbstiche.

Wir sitzen im Salon herum. Ein Herr spielt auf einem brillanten Flügel die lustige Witwe, der Stabsarzt kräht mit Vorliebe Wagnermotive.

Wir nehmen uns aus den Vitrinen eigenhändig die Meissner (neue!) Porzellanschalen heraus zu unserem Tee, der uns von der Fahrtküche ganz und gar nicht vornehm in einer Kanne, sondern in einem offenen 5 Liter Topf serviert wird.

Auf den Tischen stehen Photographien von hübschen Damen, offene Briefe liegen herum... ein Romancier könnte daraus was machen.

Einer der Herren hat einen französischen Roman „requiriert", die „Illustrierte" vom 15. Juli stillt den anderen den Wissensdurst.

Verschiedene Anzeichen lassen erraten, dass die Besitzer ein junges Ehepaar und die Frau sehr hübsch ist. De facto ist der Besitzer russischer Untertan und auf seinen größeren Gebieten in Russland.

Sein Vater österreichischer Abgeordneter: Komische Verhältnisse?

Die Frau soll aus Polodien sein.

Was für Dreck wird noch alles über dieses reizende Schlössel kommen? Ein Zimmer ist abgesperrt und enthält wahrscheinlich wertvolle Sachen, aber wie lange wird's dauern, bald werden wohl die anderen hierher kommen! Ich denk an die armen Polen!

Adio, es umarmt Dich Dein Elendigus !"

Die russischen Militärs waren vorerst unentschlossen, ob sie über diese Verbindung nach Krakau und dann weiter nach Schlesien marschieren, oder über die Nordostflanke der Karpaten in die Ungarische Tiefebene vordringen sollten.

Schließlich entschied man sich zum Vorstoß nach Süden, aber die Russen stießen dann in der Winterschlacht in den Karpaten - die vom 14. Dezember bis 15. April dauerte - auf den erbitterten Widerstand der österreichischen Truppen. Aber erst im Mai 1915 gelang dann Generaloberst August von Macknesnen der Durchbruch gegen die Russen und der Vorstoß nach Lublin im Norden.

Aus dieser heißumkämpften Zeit sind keine Briefe meines Großvaters mehr erhalten, die Kämpfe müssen sich aber in unmittelbarer Nähe des erwähnten Schlösschens abgespielt haben und sehr heftig gewesen sein.

Man bekommt eine Idee davon aus den verzweifelten, oft unbeantworteten Briefen, die ihm meine Großmutter damals geschrieben hat, und wovon die Durchschläge erhalten geblieben sind. Anfangs waren sie noch neckisch und fröhlich:

Als sie erfuhr, dass er sein Rasierzeug beim Kartenspielen verspielt hätte, belustigte sie dies sehr. Am 22. 1. 1915 schreibt sie:

„Lieber Kuksi,

gestern abends 3 Briefe von Dir, große Freude. …

Heute ist ein Rasierapparat in 3 Päckchen abgegangen, 2 Riemen, 3 Seifen. Ich habe furchtbar gelacht, dass Du Deinen im Kartenspiel verloren hast. Ich nehme Dich gern mit allen neuen Lastern zurück, wenn Du nur kommst.

Bitte verspiel nur nicht Deine warmen Sachen damit Du nicht frierst. Eine Photographie mit dem Bart möchte ich haben…".

Doch dann werden die Briefe immer trauriger. Anscheinend kamen, bedingt durch die heftigen Kämpfe immer weniger durch.

Am 6. 4.1915 heißt es nur noch:

Ich war die letzten Tage in einer schrecklichen Unruhe, jetzt versuche ich mich zu trösten, dass vielleicht die Post gesperrt ist?

Ach wäre doch schon Frieden, man wird verrückt… Kuksi! 2 Worte genügen mir, nur schreibe, ach wie gerne würde ich mit dir tauschen..

2 Tage später am 8. 4. 1915 heißt es dann erleichtert:

„Gestern telegraphierte Ida, sie hätte in München einen Brief von Dir vom 1. April. Ich habe geheult vor Freude. Heute kam Dein Brief vom 2. 4. mit der Photographie.

Ich bin jetzt außer mir vor Freude. In der Zeitung liest man immer über die heftigen Kämpfe in den Karpaten, und die lebhafte Phantasie tut das Ihrige. Ich warte gerne 2 Jahre, wenn ich nur weiß, dass Du am Leben bleibst.

Kuksi, dass Du nervös bist, glaube ich gern, aber die Hauptsache ist, dass Du lebst... Kuksi, alles was ich schreibe ist blöd, aber ein Brief von Dir ist da und das ist die Hauptsache, schreibe Kuksi, oft, oft, viele Küsse, Polya".

Man weiß nicht, wie oft „Kuksi" damals auf Urlaub nach Hause kommen konnte.

Meine Mutter fand jedoch einen Brief vom April 1918, wo er einen bewilligten Heimaturlaub ankündigt. Nachdem er an der Italienischen Front bei Görz an den Isonzo-Schlachten teilnehmen musste, war er anscheinend stark traumatisiert.

Das seien seine schlimmsten Kriegserinnerungen gewesen, hätte er seinen Kindern erzählt.

Nach elf verlustreichen Schlachten war die k&k Armee an der Italienfront kurz vor dem Zusammenbruch. Nach der 12. Isonzo-Schlacht im Oktober 1917 gelang es aber, mit Unterstützung deutscher Truppen, Görz und Udine zurückzuerobern.

Immerhin konnte Hans Kupelwieser mit diesem Urlaub im darauffolgenden Mai einer neuerlichen erbitterten Piave-Schlacht im Juni 1918 entkommen.

Meine Mutter, die im Februar 1919 geboren wurde, kalkulierte somit messerscharf: *„Mai 1918, das war 9 Monate vorher, da also wurde ich „gemacht", in diesem Heimataufenthalt"!*

Später, Anfang 1920, gibt es noch einen Brief aus Spielfeld, in dem er schreibt, dass er bald heimkommt. Da war der Krieg schon vorbei und er kümmerte sich um ein Weingut der Familie in der Südsteiermark.

Er empfiehlt seiner geliebten Polya, sie solle mit den Kindern nach Kyrnberg oder nach Lunz gehen. In Wien herrschten ja damals chaotische Verhältnisse. Am Land, auf den verbliebenen Gütern war es mit den Babys sicher einfacher zu überleben.

Liebe und banges Warten in Zeiten eines großen Weltenbrandes! Es sollte nicht der Letzte sein!

20 Jahre später ging es wieder los. Und diesmal hätte sich Hans von seiner Polya scheiden lassen müssen, streng nach den Nürnberger Rassegesetzen. Deportation inbegriffen!

Die Intervention der Wittgenstein Verwandten, die „Arisierung" des gemeinsamen Großvaters und der Transfer der Wittgenstein-Devisen aus der Schweiz im Wert von einer Tonne Gold in die Reichsbank ergaben nur einen kurzfristigen Aufschub der Gefährdung.

Diese psychische Belastung und die offene Bedrohung waren zu viel für meinen Großvater. Er starb schon im Januar 1939, noch bevor die Interventionen erfolgt waren.

Polya und ihre Kinder überlebten mit viel Glück und Dank couragierter Freunde.

Ihr Bruder Boris leider nicht……

Ex-Libris Zeichnung von Maximilian Lenz für meine Großeltern zu ihrer Hochzeit Nov. 1905 (Nachlass meiner Mutter).

Hermann Christian **Wittgenstein** oo Fanny **Figdor**

Wollhändler, Korbach, Hessen 1802 -1878

Leopold **Kupelwieser**, Wien oo Johanna **Lutz**

1796-1862 Biedermeier Maler

Mendel **Gorodetzky** 1841-1907 oo Meerms Liuba **Feeiga**
(Kishinew)

Paul **Kupelwieser** (Brioni)

1843 -1919 oo Marie K.

Bertha **Wittgenstein** oo Carl **Kupelwieser** (Kyrnberg, Lunz) 1841 -1925

Leopold **K.**(Lony) oo Anna **Hiller** - Karl(Carlo) **Kupelwieser.** +1930

Maria Anna (Pussy) **Kupelwieser** oo Manfred **Mautner-Markhof**

Ida **Kupelwieser** (1870 -1925) oo Lenz Maximilian **Lenz** (Maler) 1860-1948 ▶ Paula Kupelwieser- **Mathes**
Hans **Kupelwieser** (1879-1939) oo Polya **Gorodetzky** 1879 -1957 Boris **Gorodetzky** +1943

Willy **Mathes** (1902 -1977).

Christine **Kupelwieser,** Kyrnberg (1919 – 2004) oo Alois **Geißlhofer**, Landwirt,Pyhra, 1914-2007 ▶Hans **Geißlhofer**

Mein vereinfachter direkter Stammbaum soweit trotz weitreichender Verwandtschaft hier Platz ist

Nachwort zur „*unendlichen*" Geschichte

Dieses Buch wurde im Oktober 2015 erstmals veröffentlicht. Seither hat es im lokalen Kontext zu vielen Diskussionen und zur Aufarbeitung so mancher ungeklärten Ereignisse geführt. Viele ältere Menschen haben es gekauft und mir noch wichtigen Hinweise gegeben. Die meisten waren damals noch Jugendliche oder Kinder, erinnern sich aber gut.

Die Leiche des Widerstandskämpfers Obendorfer sei am 9.5.45 im Keller des HJ Heimes von einem Lunzer Bauernjungen- erschaudernd - unter den Kartoffeln ertastet worden, als die hungernde Bevölkerung nach der Flucht diese Nahrungsmittel gemäß einem Aufruf des Pfarrers von Lunz mit ihren Pferdegespannen abholen kam.

Vorher hätten die abziehenden Nazi-Truppen noch Unmengen von Munition im See versenkt.

Mein Onkel Peter hätte sich in den letzten Wochen des Krieges in einer tiefen Höhle am Berg verstecken müssen, er hatte nachher niemandem davon erzählt? Nur der Jäger, der ihm das Essen hineinbrachte, durfte davon wissen. Wahrscheinlich wollte er bei den Einsätzen zu Kriegsende durch die „*Volkssturm*"-Miliz, zu der er vorher immer wieder herangezogen worden war, nicht mehr mitmachen? Das Schloss wo er wohnte war ja im April 1945 von der SS beschlagnahmt worden, hatte er da rechtzeitig von deren Plänen erfahren?

Ein anderer junger *„Volkssturm“* Teilnehmer, der unter der Führung der SS an der Ermordung der ungarischen Juden in Göstling beteiligt war, und darüber auch in einem Prozess nach Kriegsende aussagen musste, aber wegen seiner Jugend als „unschuldig“ eingestuft wurde, wanderte dann nach Kanada aus. Er wurde ein reicher und angesehener Hotelmanager und durfte sogar die junge englische Queen bei ihrem Besuch dort persönlich bewirten.

Der Wasser-Cluster Lunz, die Nachfolge- Organisation der biologischen Station im ausgebauten und erweiterten ehemaligen NS- Jugendheim, beschloss nun eine besser zugängliche Gedenkstätte für den Widerstandskämpfer und die ermordeten Deserteure der Hitlerjugend, die ebenfalls an diesen Massakern nicht mehr teilnehmen wollten, am Seeuferweg zu errichten.

Die Abteilung *„Kunst im öffentlichen Raum“* des Landes Niederösterreich beginnt ein historisches Forschungsprojekt über diese Ereignisse, sowie die Ausschreibung eines Künstler-Wettbewerbs zur Gestaltung eines Denkmals. Ein erster Erfolg unserer Recherchen!

Über die verstreuten anonymen Gräber all dieser hingerichteten Deserteure und Widerstandskämpfer herrscht noch viel Ungewissheit. Einzelne Zeitzeugen erinnern sich nur ungefähr.

Dass es oben am Kältepol zu erbitterten Luftkämpfen und Bombardierungen kam, wird auch durch die Erinnerung eines Zeitzeugen bestätigt, der sah, wie der am zugefrorenen See notgelandete amerikanische Bomber bereits auf einer Wiese oberhalb des Ufers einen Motor verloren hatte. Er wurde also offensichtlich schon am Berg von der dort installierten FLAK Kanone angeschossen.

Und am Gipfel des Noten, eines 1640 m hohen Berges 3 km westlich des Kältepols, von dem aus man gut ins Ybbstal nach Norden und Westen sehen kann, wurde anscheinend eine V2 Rakete zu Testzwecken abgefeuert. In den Luftbildern sieht man heute noch linienförmige Strukturen, die auf ehemalige Befestigungsanlagen hinweisen.

Der Oberkommandierende der Nazi-Gebirgstruppen General Julius Ringel hatte in einem Verhör durch die Amerikaner 1946 eine Skizze angefertigt, in der der Ort Göstling am Fuße dieses Berges als Stützpunkt der *„Grenzstellung"* gegen das Vordringen der feindlichen Armeen aufscheint.

Auch in der Gemeinde Pyhra rund um Kyrnberg gibt es Interesse an meinem Buch. Es hat ein allgemeiner Diskussionsprozess eingesetzt, einige übertriebene Äußerungen meines Vaters über die Verkäufe von Teilen des Gutes Kyrnberg im Bereich von Windhaag nach dem Krieg konnten korrigiert werden, und neue Details kamen zum Vorschein.

Es bleiben immer noch viele Grauzonen, insbesondere über die Baugrundstücke, die noch kurz vor Kriegsende an die Gemeinde verkauft wurden, und worüber viele Unterlagen in den Behörden fehlen.

Auch manche meiner Mitschüler aus St.Pölten zeigen großes Interesse.

In Wien konnte ich mit Unterstützung des *„Aktionsradius"* und der Straßen-Zeitung *„Augustin"* eine vielbeachtete Lesung veranstalten.

Bezirksblätter aus Scheibbs und St. Pölten brachten Artikel über das Buch, und eine engagierte Filmemacherin interviewte mich ausführlich zu meinen Nachforschungen.

Dagegen wurde mein Antrag zur Wiederaufnahme und Revidierung der ablehnenden Entscheidung durch die Schiedsinstanz aus rein formalen Gründen neuerlich abgelehnt, weil angeblich die neuen Beweise keine gegenteiligen Erkenntnisse brächten? Dabei wurde auf meine Argumentation im Einzelnen nicht mehr eingegangen!

Es scheint aber ein Nachdenken eingesetzt zu haben, sogar der Landeshauptmann hatte in einem Interview angedeutet, dass eine Kompromisslösung möglich wäre?

Die Leiterin des Instituts für die Geschichte der Juden Österreichs in St. Pölten bekundete mir auch ihre moralische Unterstützung. Und mein Freund, der Wieselburger Historiker, der schon viele neue Fakten erkundet hatte, arbeitet nun an einer ausführlichen wissenschaftlichen Publikation.

Viele Fragen, die hier aus der Perspektive eines *„dummen"*, aber neugierigen Kindes gestellt wurden, harren noch immer einer gründlichen Aufarbeitung. Da eigentlich alles verjährt ist und Entschädigungen deshalb nur ein *„Gnadenakt"* sind, kann man sich mit Rechtsmitteln kaum wehren.

Ich bin auch nicht der Einzige, der von solchen restriktiven Beurteilungen betroffen ist. Ich möchte nur an die Aussiedlung vieler Bauernhöfe zur Errichtung des NS-Truppenübungsplatzes in Allentsteig im Waldviertel erinnern. Seit Jahrzehnten gibt es eine heftige Diskussion über die Rechtmäßigkeit dieser Vertreibung.

In den ablehnenden Entscheidungen dazu heißt es aber nur *„keine Bedrohung feststellbar"*?

Das Buch hat viele Zeitgenossen neugierig gemacht. Ob und wann sich das öffentlich manifestieren wird, ist schwer zu sagen? Ist das Bedauern über diese besonders schlimmen Ereignisse nur ein Lippenbekenntnis oder beginnt man auch endlich, den Tatsachen ins Auge zu sehen und Verantwortung zu übernehmen?

3,-